말습관을 바꾸니
인정받기 시작했다

말습관을
바꾸니

인정받기
　　　　시작했다

회사에서 인정받는
일잘러들의 말하기 기술

" 말습관을
바꾸니

인정받기
시작했다 "

최미영 지음

천그루숲

"여러분은 동료 또는 상사와 '커뮤니케이션' 잘하고 계신가
요?"

이 질문에 선뜻 "네!"라고 할 수 있는 사람은 많지 않을 겁
니다. 많은 직장인들이 동료 또는 상사와의 '커뮤니케이션'에
어려움을 겪고 있기 때문이죠.

회사에서의 커뮤니케이션은 아무리 해도 익숙해지지가 않
습니다. 어떻게 해야 동료들과 더 효과적으로 대화하고 좋은
관계를 맺을 수 있는지, 어떻게 하면 능숙한 커뮤니케이션을
통해 상사에게 인정받을 수 있는지 우리는 잘 알지 못합니다.
커뮤니케이션이 중요하다고 하는데 막상 우리는 회사에서 '말'
을 잘할 수 있는 방법을 배워본 적이 별로 없어요. 우리에게 회
사에서의 '말하기'는 눈치껏 알아서 터득해야 하는 '개인'의 영
역이었기 때문입니다.

...

　결국 우리는 선배들을 보며 어깨너머로 배우거나 직접 부딪치고 깨지며 배웁니다. 그런데 이 과정들이 꽤 아파요. 때로는 자존감이 무너지기도 하고, 어떤 때는 큰 상처가 남기도 하죠. 그렇다 보니 참 답답했죠. 제발 누가 '회사의 말은 이런 거야!'라고 가르쳐 줬으면 좋겠더군요.

　저도 그렇고, 주변의 동료들을 봐도 모두 같은 과정을 겪었어요. 그래서 저와 같은 상황에 있는 누군가가 있다면 도움이 되고 싶었어요. 예전의 저처럼 좌충우돌하며 '회사에서 말하기'를 배우고 있을 누군가에게 '회사의 말'에 대해 말해준다면, 조금은 더 쉽고 안전하게 '회사의 말'을 익힐 수 있을 거라는 생각이 있었습니다. 그래서 제가 회사에서 고군분투하며 터득한 '말하기'의 비법을 이 책에서 풀어내 보려고 해요.

　우선 꼭 필요한 내용을 담기 위해 저의 직장생활 경험은 물

...

론 그동안 만난 수강생들과의 경험과 유튜브 댓글을 통해 회사에서 '말'을 할 때 가장 어려운 부분이 무엇인지를 찾았습니다. 또 화두만 던지는 뻔한 내용이 아니라 실제 회사생활에 실질적인 도움이 될 구체적인 습관 개선방법을 소개하기 위해 많은 선후배들을 만나 인터뷰를 하며 '회사에서 말하기'의 다양한 노하우를 찾아냈습니다. 그 결과 논리적으로 말하기, 상황에 맞게 말하기, 당당하게 말하기, 프로페셔널하게 말하기 등 우리가 직장에서 마주하게 되는 수없이 많은 커뮤니케이션 순간에 쉽게 사용할 수 있는 실용적인 말습관들을 담아낼 수 있었습니다.

한 번 읽고 나서 '아! 나도 말 좀 할 수 있겠다!'라는 생각이 드는 책보다는 항상 옆에 두고 수시로 읽어보고 훈련하며 '아! 나도 이제 말 좀 하네!'가 될 수 있기를 바라는 마음으로 썼습

...

니다. 이제 이 책을 통해 머릿속의 생각을 논리적으로 정리하여, 확신 있고 당당하게 전달할 수 있기를 바랍니다. 또 센스 있는 말습관으로 회사에서 결정적 순간에 여러분의 가치와 존재감을 선명하게 드러내기를 진심으로 응원합니다. 이제 더 이상 자신의 실력을 제대로 표현해야 하는 순간에 '말' 때문에 발목 잡히지 마시고, '말'을 여러분의 경쟁력으로 만들어 보세요.

최미영 드림

차례

—— Chapter **1** ——

말하기가 경쟁력인 시대

회사에서 '말하기'가 힘든 당신에게

"아! 다 됐다."

최 대리는 며칠 동안 심혈을 기울여 준비한 실적 보고자료가 꽤 만족스러웠다. 그런데 보고를 받던 팀장님이 미간을 잔뜩 찌푸리며 대뜸 이렇게 말한다.

"아, 됐고! 그래서 뭘 하겠다는 거야!"

"이걸 왜 해야 하는데?"

"그래서 도대체 얼마를 벌 거야?"

몰아치는 팀장님의 질문에 머리가 하얘져서 아무런 대답도 하지 못했다. 죄인처럼 서 있기만 하던 최 대리는 결국 "이런 거 하나 제대로 준비

못해? 다시 해 와!"라는 말을 들어야 했다. 분명 최선을 다했는데 무엇이 문제였을까?

여러분, 보고를 앞두고 준비 많이 하죠? 그런데 열심히 준비해 간 보고내용을 충분히 전달한 적 있나요? 상사들은 대부분 우리가 말을 시작하자마자 "아, 됐고!"라며 말을 툭 끊고 폭풍처럼 질문을 쏟아내죠. 정작 답변을 하려 하면 틈도 주지 않고 다음 질문을 던지며 우리를 궁지로 몰곤 합니다. 그러면 그때부터 우리는 갑자기 변명 모드에 돌입해 질문을 쳐내는데 급급해집니다. 내가 하고 싶은 말은 온데간데없고 중언부언하며 질문에 대답하느라 혼이 다 빠져버려요. 제대로 된 답변이 나올 리 없죠. 결국 준비해 간 내용은 제대로 전달도 못하고, "아, 그래서 뭘 어쩌자고!"라는 핀잔만 듣다 보고를 마치게 됩니다. 그렇다 보니 많은 직장인들이 '보고'를 앞두면 몹시 긴장을 하며 안절부절 못하게 되죠.

실제 월요일에 있는 회의 때문에 주말에도 쉬지 못하고 전전긍긍하는 사람들이 의외로 많아요. 그리고 그 스트레스는 온전히 본인의 몫이죠. 저도 연차가 낮았을 때는 보고를 앞두고 히스테리 부리는 상사가 이해되지 않았어요. 그런데 직급이 올라가면서 직접 보고를 해야 하는 자리가 되니 그들의 긴장된 마음이 이해가 되더라고요. 마치 살얼음판을 걷는 것 같은 그들의 불안한 마음 말이죠.

그리고 이 불안함은 우리를 더욱 위축시켜요. 상사 앞에만 서면 자꾸 더 작아지고, 목소리는 기어들어 가죠. 상사의 질문에 머릿속은 하얘져서 제대로 대답도 못하고 땀만 삘삘 흘립니다. 이때 하필 옆에 있는 동료가 노련하게 대답을 하면 마음은 더욱더 초조해지죠.

안타깝게도 이렇게 마음이 안정되지 않을 때는 뭘 해도 실수가 이어지게 돼요. 말을 하려고 하면 할수록 꼬이고, 버벅이고, 논리와 맥락은 사라지고 맙니다. 그리고 어느새 상사의 아픈 말이 비수처럼 날아오게 됩니다.

그래서인지 많은 직장인들이 '회사에서 말하는 것'을 너무 고통스러워 해요. 어떤 친구는 상사 앞에서 말하는 것이 너무 힘들어 오랫동안 신경정신과 약을 먹기도 했고, 극도의 긴장 탓에 보고를 하는 그 찰나의 순간에 목이 쉬어 버리는 경우도 있었어요. 그런데 문제는 말 때문에 이렇게 힘든데 그 누구에게도 자신이 고통스럽다는 사실을 털어놓지 못한다는 거예요. 특히 회사 동료에게는요. 자칫 그것이 자신의 약점이 될 수도 있다고 생각하는 거죠. 그러니 누구에게도 도움을 요청하지 못하고 혼자서 끙끙 앓기만 해요.

그리고 이들에게 더 큰 고민은 '말하기'가 심리적 고통에서 끝이 아니라는 거예요. 심혈을 기울여 준비한 메시지를 '말'로 제대로 전달하지 못하다 보니 실력을 저평가받는 안타까운 일들이 발생하기도 해요. 자신의 실력을 제대로 표현해야 하는 결정적인 순간에 '말'이 발목을 잡는 거죠.

이제는 실력만큼이나 나를 어떻게 보여주느냐가 더 중요한 시대예요. 우리의 생각이 가치 있고 중요한 것으로 여겨지기 바란다면 이제 우리의 실력을 '어떻게' 전달할 것인지에 대해 진지하게 고민하고 꾸준히 연습해야 해요.

스티브 잡스는 "전달할 가치가 있는 메시지는 온 힘을 다해 전달하라"고 말했어요. 그의 프레젠테이션을 떠올려 보세요. 동선과 소품, PPT까지 메시지를 효율적으로 전달하기 위해 얼마나 온 힘을 다했는지 느낄 수 있죠. 그랬기 때문에 많은 사람들이 그의 열정에 공감하고 그의 말에 귀를 기울인 것이죠.

우리도 상사와 동료가 우리의 열정에 공감하기를 원한다면 온 힘을 다해 메시지를 전달해야 합니다. 이제 저와 함께 어떻게 해야 듣는 사람의 마음을 사로잡고 메시지를 임팩트 있게 전달할 수 있는지, 또 회사에서 당당하고 똑 부러지게 내 생각을 전달하고 실력을 인정받을 수 있는지 그 방법을 알아볼게요.

프롤로그

66

표현하지 않는 실력은
누구도 알아봐 주지 않아요.
이제 온 힘을 다해
당신의 실력을 표현해 보세요.

99

Chapter 1

말하기가
경쟁력인 시대

회사에서 일만 잘하면 되지,
말까지 잘해야 하나요?

회사는 경쟁이 치열한 곳입니다. 혼자 묵묵히 열심히 일하는 것만으로는 부족해요. 최대한 적극적으로 우리의 업무와 성과를 표현하려는 노력이 필요해요. 그래야만 우리의 실력을 제대로 증명하고 평가받을 수 있기 때문이에요.

이때 실력을 증명하고 제대로 인정받기 위해서는 '말'을 잘해야 합니다. 내가 하는 일을 '말'로 잘 표현해야만 사람들은 우리가 무슨 일을 하는지, 어떤 성과를 냈는지 정확히 알 수 있어요. 또 그래야만 우리가 능력 있고 유능한 사람으로 보여질 수 있고요. 그것이 바로 우리에 대한 이미지 메이킹이자 브

랜딩인 거예요.

열심히 일하면 실력을 인정해 줄까요?
....

우리가 혼자서 고군분투하며 근면성실하게 일하면 과연 상사가 우리의 이런 노력을 알아줄까요? 정작 인사고과를 줄 때는 "너 올해 뭐했어?" 이런 질문을 받게 될 거예요.

우리가 어떤 일을 하고 있는지, 어떤 실적을 냈는지, 어떤 노력을 하고 있는지 평소에 꾸준하게 표현하지 않으면 상사는 절대 우리가 어떤 일을 하고 있는지 알지 못해요. 그렇기 때문에 제대로 실력을 인정받기 위해서는 일상 속에서 꾸준히 우리가 하고 있는 업무성과와 실적을 표현하는 것이 굉장히 중요한 거예요.

많은 사람들이 '괜히 모양 빠지게 구태여 일일이 설명하고 싶지 않아!' '열심히 하면 알아줄 거야!'라며 정말 묵묵하게 일만 하고 있어요. 하지만 제대로 생색을 내지 않으면 우리의 노고를 알아주는 건 오직 자신뿐이에요. 그게 과연 의미가 있을까요? 우리는 우리가 알고 있는 나의 노력을 상대가 몰라줄 때 더 분노하지 않나요?

실력을 제대로 보여줄 수 있는 '말하기 역량'이 필요해요

실력이 있다면 그 실력을 더 많은 사람들이 알아볼 수 있도록 제대로 어필해야 해요. 그러기 위해 실력을 제대로 보여줄 수 있는 커뮤니케이션 역량, 즉 '말하기 역량'이 꼭 필요한 거예요. 또 '말'을 잘하면 나의 성과를 제대로 표현하는 것을 넘어 좀 더 의미 있게 나의 존재를 알릴 수도 있어요. 그런데 이게 쉽지가 않죠. 우리가 과묵하게 일만 열심히 했던 건 사실 말을 잘 못하기 때문인 경우가 많아요.

그래서 말을 잘하는 동료를 보면 참 부럽기도 하고, 업무 역량에 비해 표현을 더 잘하는 동료를 볼 때면 얄밉기까지 하죠. 그러면서도 우리는 분명 '상사는 저 친구보다 내가 더 열심히 했다는 것을 잘 알 거야!'라고 생각합니다. 하지만 이렇게 방심하다가 정작 그 동료에게 성과를 빼앗긴 적은 없나요? 너무 억울하게도 상사가 오히려 그 동료를 더 신뢰했던 경우는요?

상사가 사람 보는 눈이 없어서 그랬을까요? 아니에요. 말 잘하는 동료들은 자신의 업무성과를 어떻게 하면 상대에게 효과적으로 잘 전달할 수 있는지에 대해 명확하게 알고 있는 영리한 사람들이에요. 그러니 상사는 그들이 일을 잘한다고 느낄 수밖에 없는 거죠.

상사는 사소한 말 한마디를 가지고도 우리를 평가해요. 그리고 우리는 그 평가에 따라 인사고과를 받게 되고요. 그래서 우리가 만들어 낸 성과도 중요하지만, 그 성과가 몹시 의미 있고 쓸모 있으며 우리 팀에 상당한 기여를 했다는 것을 보여줘야만 내가 한 일이 '가치' 있는 일이 되는 거예요. 그리고 이렇게 중요한 일을 한 사람이라고 인정을 받아야 인사고과가 자연스럽게 따라오는 거고요.

인사고과는 일 잘하는 사람이 받는 거 아니냐고요? 조금 솔직하게 이야기해 볼게요. 조직에서 일을 잘한다는 건 어떤 의미일까요? 조직에서 일을 잘한다는 건 바라보는 사람의 시선에 따라, 바라보는 사람의 평가에 따라 달라지게 돼요. 사람은 그대로인데 상사의 관점에 따라 어떤 때는 실력이 있는 사람이 됐다가, 어떤 때는 실력이 없는 사람이 되는 마법 같은 일들을 많이 봐왔죠. 이 말은 무엇을 의미할까요? 내가 얼마나 열심히 일했는지가 아니라, 상사가 어떤 관점으로 나의 업무 성과를 바라보느냐가 더 중요하다는 거예요.

그 관점을 만들어 주는 건 우리의 '말습관'입니다

평소 일머리가 좋고 센스 있게 일을 잘한다고 평가받는 사람들이 하는 말을 잘 들어보세요. 그들은 '말'로 상사의 '마음'을 얻습니다. 믿고 맡길 수 있는 사람이라고 판단하는 순간, 상사는 그들의 메시지를 신뢰하고 지지해 주는 것은 물론 그들의 든든한 지원군이 되어 줍니다.

여기까지 읽고 나면 화가 날 수도 있어요. '회사에서 말로 처세를 하라는 것이냐' '일은 하지 말고 말만 잘하라는 것이냐'라고 오해할 수도 있죠. 아니요. 저는 단호하게 'No'라고 말씀드립니다. 우리는 모두 일을 잘하고 능력이 있잖아요. 그래서 '말' 때문에 손해보지 말자는 거예요. 말 때문에 억울해지지 말고, 말 때문에 결정적 순간에 발목 잡히지 말자는 겁니다.

이제 제대로 실력을 인정받는 '말습관'을 통해 우리의 업무 성과를 제대로 인정받자는 거예요. 이제 더 이상 "제대로 한 거 맞아?" "일 이따위로 할 거야?" 같은 부정적 피드백 말고, "역시 잘한다니까!" "이러니 내가 믿고 맡기지!"라는 소리를 들을 수 있는, 조직이 인정하는 '일 잘하는 사람'이 되어 보자는 겁니다. 그러니 이제 더 이상 자신의 일을 겸손하게 바라보지 마세요. 우리가 먼저 우리 일의 가치를 인정해 주고, 공손하지만 당당하게 우리의 실력을 표현해 봅시다.

02

회사에서 말을 못하는
진짜 이유

"저는 친구들과는 재미있게 이야기를 잘하는데 회사에만
가면 말이 잘 안 나와요."

일상 속에서 친구들과는 정말 신이 나게 이야기를 잘하는
데, 회사에만 가면 말을 힘들어 하는 사람들이 있죠. 친구와
말하는 거나 회사에서 말하는 거나 같은 '말'인데, 왜 회사에만
가면 말이 어려운 걸까요?

회사 말의 목적은 '설득'

 그건 일상의 말과 회사의 말이 목적이 다르기 때문이에요. 우리가 친구들과 이야기를 할 때는 가벼운 일상을 공유하죠. 서로의 말에 맞장구도 쳐주고 공감도 해주며 시간 가는 줄 모르고 이야기를 나눕니다. 친구와의 대화 속에서는 구태여 친구를 설득하거나 인정받아야 할 필요가 없으니 하고 싶은 말을 자유롭게 풀어 놓는 거죠.

 그런데 회사의 말은 어떤가요? 회사에서의 말은 목적이 명확해요. '설득'을 통해 '일'이 되게 하는 거죠. 회사는 혼자 일하는 곳이 아니다 보니 함께 일하는 사람들과의 커뮤니케이션이 중요하죠. 이때 우리는 상대방의 협조를 끌어내기 위해, 프로젝트의 일정을 맞추기 위해 끊임없이 상대를 설득하고 의견을 조율해야 합니다. 어찌 보면 우리가 회의를 하고, 이메일을 보내고, 전화를 하는 모든 순간순간이 설득의 순간인 거죠.

 특히 상사와의 커뮤니케이션은 일을 추진하는데 있어 필수적인 요소입니다. 우리는 그것을 '보고'라고 부르지요. 보고는 상사가 제대로 된 의사결정을 내릴 수 있도록 돕는 절차입니다. 그래서 상사는 우리가 보고하는 다양한 자료들을 꼼꼼하게 살펴보고, 혹시나 문제가 발생하지 않을지, 이것이 정말 최선의 방법인지를 다양한 각도에서 고민합니다.

이처럼 의사결정은 책임이 따르는 일이다 보니 상사는 우리의 말에 쉽게 공감하지 않아요. 의심가득한 눈으로 '이게 진짜 맞아?' '난 잘 모르겠는데?'라고 반응하죠. 이런 상사를 설득하기 위해서는 상사가 납득할 수 있도록 우리의 메시지를 정확하게 전달하는 과정이 필요합니다. 또한 우리의 메시지가 왜 추진할 만한 가치가 있고 의미가 있는지 논리적으로 설명해 공감할 수 있게 해야 합니다. 그제서야 우리의 말은 더욱 설득력을 갖게 됩니다.

그러니 회사에서는 하고 싶은 말을 하기보다 상사를 설득하기 위해 해야 할 말이 무엇인지를 먼저 생각해 보세요. 우리의 생각을 명료하면서도 가치 있게 표현해 상사를 설득할 수 있다면 상사는 납득을 넘어 우리의 메시지에 동의하고 지지해 줄 겁니다.

우리를 주눅 들게 하는 '타인의 시선'

우리가 회사에서 말을 못하는 또 다른 이유는 '다른 사람이 나를 어떻게 생각할까?'를 신경 쓰기 때문입니다. 혹시라도 '왜 저런 소리를 하는 거야?'라는 비난을 받을까 봐 조마조마한 거죠. 그래서 비난을 당하느니 입을 다무는 쪽을 택합니다.

그러다 피치 못하게 사람들 앞에서 말을 해야 하는 상황이 되면 극도의 불안이 찾아옵니다. '아, 또 망신 당하면 어쩌지?' 라고 생각하며 스스로를 위축시킵니다. 주눅이 들면 갑자기 머리가 하얘져서 평소에 잘 쓰던 단어도 생각이 안 나죠. 심지어 숨이 차고 말이 꼬이기도 합니다. 이런 경험을 한 번이라도 하게 되면 말은 더욱 공포스러워집니다.

이 공포에서 벗어나려면 회사 말의 본질을 생각해 볼 필요가 있어요. 보고의 주인공은 '나'가 아니라 '메시지'입니다. 그런데 긴장을 하게 되면 우리의 머릿속은 오로지 '나'로만 가득 차게 돼요. '내가 어떻게 보여질까?'라는 고민에 급급해 가장 중요한 '메시지'에는 정작 아무런 신경을 쓰지 못하게 되는 거죠. 그러면 우리가 제대로 '말'을 잘할 수 있을까요?

'말'을 잘하고 싶다면 '나'에게 집중되어 있던 모든 에너지를 메시지를 전달하는데 사용해야 해요. '과연 내가 잘할 수 있을까?'라며 걱정할 시간에 '어떻게 하면 사람들이 내가 제안하는 내용과 아이디어에 더 관심을 가지게 할 수 있을까?'에 대해 깊이 있게 고민해 보세요. 불안함을 느끼는 대신 철저한 준비가 가능해집니다.

우리의 생각을 멈추게 하는 '넵병'

'넵병'이라는 말을 들어봤나요? 직장 상사가 문자나 메시지로 업무를 지시했을 때 '넵'이라고 대답하는 것을 빗대어 부르는 신조어입니다(네이버 지식백과). '네'라는 말로도 충분히 긍정의 의미를 전달할 수 있지만 '넵'이라는 말을 사용했을 때 더욱 의욕적이고 공손한 느낌을 준다고 해요. 단 한 글자로 우리의 태도까지 보여줄 수 있는 거죠. 그래서 '넵'은 언제 어떤 상황에서든 아주 유용하게 쓸 수 있어요. 하지만 '넵'이라는 말이 조직의 만능 소통 언어로 자리 잡은 이유를 생각해 보면 조금은 씁쓸해집니다.

회사는 위계질서가 강한 조직입니다. 아무리 조직문화가 많이 달라졌다고는 하지만 여전히 하이어라키hierarchy 조직문화의 흔적이 남아 있어요. 이런 상명하복의 문화 속에서는 우리의 생각이 존중받거나 받아들여지기 어렵습니다. 우리가 아이디어를 내거나 제안을 했을 때 "됐고, 하라면 해" 또는 "시키는 거나 잘해"라는 말을 수차례 듣다 보면 우리는 '말 해봐야 어차피 받아들여지지 않을 텐데 그냥 말을 말자'라는 생각을 갖게 됩니다. 그러면서 내 생각을 내세우거나 상사의 의견에 반박했다 미움을 받기보다는 상사의 의견에 맞장구를 치는 것이 조직에서 살아남는 방법이라는 것을 자연스럽게 터득하게 되죠. 그래서 우리는 늘 상사의 눈치를 보며 '넵'을 달고 삽니다.

그런데 '넵'으로 모든 의사소통을 하다 보면 생각하는 힘을 잃게 됩니다. 말로 표현할 필요가 없으니 '생각'이 발전하지 않는 거죠. 문제는 '넵' 이외의 말이 필요한 순간입니다. 평소에는 말대꾸한다고 아무 말도 못하게 하던 상사가 어느 순간 "이런 거 하나 제대로 대답 못해!"라고 할 겁니다. 아이러니한 상황이죠.

하지만 평소 훈련하지 않았는데 말을 잘할 확률은 거의 0에 가깝습니다. 그래서 '넵' 이외에 다양한 생각들을 말로 표현하기 위해서는 평소 아주 작은 것부터라도 생각을 채우고 정리해서 표현하려는 노력이 필요해요. 그래야만 우리의 생각이 깊어지고 확장되니까요.

말을 잘하는 사람은 다양한 생각이 있는 사람입니다. 그리고 그 생각들을 상대가 잘 이해할 수 있도록 명확한 언어로 전달할 수 있는 사람입니다. 이런 역량을 갖추기 위해서는 평소 일상 속에서 꾸준한 연습이 필요합니다. 사소한 일이라도 그것이 왜 필요하고, 어떻게 실행할 것인지를 상대가 납득할 수 있게 설명하려고 애써야 합니다. 분명 초반에는 깨지는 순간이 있을 거예요. 하지만 그 순간이 무서워 시도조차 않는다면 우리는 '넵'의 그늘에서 벗어날 수가 없어요. 조금 아프겠지만 다양하게 시도해 보고, 경험 속에서 개선사항을 찾아 보세요. 그 과정을 이겨내면 조금씩 표현력이 회복되는 것을 느낄 수 있을 거예요. 그리고 그 변화를 경험한 순간 '말'에 대한 자신감이 생겨나게 됩니다. 그러니 평소에 조금씩 용기를 내서 '생각표현'에 도전해 보세요.

상사를 내 편으로
만들어 주는 말습관

취업을 준비할 때는 회사에 입사만 하면 모든 일이 해결될 줄 알았어요. 그런데 막상 취업을 하고 나니 산 넘어 산이더군요. 망망대해 같은 막막함 속에서 구명보트 같은 회사를 만났는데 보트에 올라타자마자 정신을 차릴 틈도 없이 '노를 저어라!'라는 분위기에 휩쓸리게 돼요. 그런데 그건 그나마 괜찮아요. 우리를 정말 힘들게 하는 넘기 힘든 산은 바로 상사예요. 말이 안 통하거든요.

상사는 우리가 살면서 경험한 적 없는 알다가도 모를 알쏭달쏭한 존재에요. 아무리 친화력이 좋은 사람일지라도 상사와 말이 잘 통하는 경우는 흔치 않아요. 그래서 입사를 하고 나면 동기들끼리 모여 쉴 새 없이 상사의 뒷담화를 나누게 되죠. 주제는 대부분 같아요. "도대체 이해가 안 돼! 그 사람 완전 이상하지 않아?" 같은 거죠.

상사를 내 편으로 만드세요

그런데 정말 '상사'가 나쁘기만 할까요? 아니에요. 상사는 회사생활을 하는 데 있어 그 누구보다 든든한 지원군이 되어주기도 해요. 결국 상사와 어떤 관계를 맺느냐에 따라 회사생활이 달라지는 거죠. 그래서 저는 선배를 '로열 오디언스'로 만들어야 한다고 말하고 싶어요.

오디언스는 청중을 말하죠. 로열 오디언스는 여기서 한 걸음 더 나아가 나의 메시지를 신뢰하고 지지해 주는 청중을 의미해요. 확실한 내 편이죠. 마치 BTS의 팬클럽 'Army' 같은 존재를 말하는 거예요. 이들은 막강한 팬덤으로 BTS를 글로벌 뮤지션의 대열에 올려놓았죠. 이처럼 로열 오디언스는 단순히 콘텐츠를 소비하는 것만이 아니라 나의 진가를 알아봐 주고, 나의 가치까지 높여주는 확실한 내 편을 말해요.

회사에서 상사가 나의 로열 오디언스가 되어 나의 의견을 지지해 주고 응원해 준다면 어떨까요? 회사생활이 정말 흥이 나겠죠. 그럼, 도대체 어떻게 해야 BTS의 Army 같은 로열 오디언스를 가질 수 있을까요?

사람의 마음을 얻는 일

"물질이 자본이던 시대는 물 건너갔어요. 공감이 가장 큰 자본이지요. BTS를 보러 왜 서양인들이 텐트를 치고 노숙을 하겠어요? 아름다운 소리를 좇아 온 거죠. 그게 물건 장사한 건가? 마음 장사한 거예요. 돈으로 살 수 없는 삶의 즐거움, 공감이 사람을 불러 모은 거지요."

<'김지수의 인터스텔라', 조선일보, 2019.10.19>

이어령 선생님은 BTS가 음악을 파는 것이 아니라 마음을 얻고 있다고 말했어요. 즉, 로열 오디언스를 만들어 낸 비결은 물건(음악)보다 마음이라는 거죠. 음악을 제공하는 것을 넘어 팬들과 교감하며 '마음'을 얻었기에 BTS가 글로벌 아티스트로 성장할 수 있었던 거예요.

우리도 상사를 로열 오디언스로 만들기 위해서는 '마음'을 얻어야 해요. '마음'을 얻으려면 일단 '말'이 통해야겠죠. 바로 회사의 언어인 '보고'를 통해서요. 보고는 회사에서 원활하게 커뮤니케이션을 하기 위해 꼭 필요한 언어예요. 미국에 가면 영어로 말해야 하듯, 회사에서 말이 통하려면 회사의 언어인 '보고'로 말해야 해요. 그래야 서로 무슨 말을 하려는 건지 알아들을 수 있어요.

그런데 문제는 이러한 회사의 언어인 '보고'가 영어보다 배우기 어렵다는 거예요. 어디서 잘 가르쳐 주지도 않아요. 그럼에도 불구하고 '보고'는 영어보다 더 우리 생활에 밀접하게 영향을 주기 때문에 정말 치열하게 익혀야 할 필요가 있어요. 회사의 '말'에 능숙해져야 선배, 동료들과 대화가 되고 궁극적으로 설득을 이끌어 낼 수 있기 때문이죠.

우리가 언어를 잘하기 위해서는 그 나라의 정서와 문화를 알아야 하죠. 언어는 사회적 맥락 속에서 생겨나니까요. '보고'도 마찬가지예요. 회사의 정서와 문화를 제대로 이해해야 잘할 수 있어요. 그래서 회사가 어떤 곳인지, 무엇을 하는 곳인지를 먼저 생각해 볼 필요가 있어요.

말이 통하는 사람이 인정받아요

회사는 이윤 창출이라는 목표를 위해 다양한 사람들이 모여 함께 일을 하는 곳이에요. 그리고 '일'이 원활하게 진행되기 위해서는 서로 간에 오해가 없도록 의도와 목적이 명확한 커뮤니케이션이 필요하죠. 만약 의도한 내용이 제대로 전달되지 않으면 헛수고를 하거나 서로 다른 결과를 위해 일하게 돼요. 시간과 비용이 낭비되는 거죠.

더 큰 문제는 이렇게 약속된 서로 간의 커뮤니케이션에서 제대로 의사소통이 안 되면 답답하고 능력 없는 사람으로 찍힌다는 거예요. 말귀를 못 알아듣는 눈치 없는 사람이 되는 거죠. 그러면 상사의 마음을 얻기는커녕 못 미덥고 무능력한 사람이 되어버려요. 관계가 힘들어지고, 회사생활은 더욱 힘들어지게 되죠.

그래서 회사의 언어인 '보고'는 그 어떤 '말'보다 잘 통해야 해요. 핵심이 명확하고, 논리가 탄탄하며, 상황에 맞게 말하면서, 불신이 끼어들 틈이 없어야 하는 거죠. 이렇게 해서 함께 일하고 싶고 믿고 맡길 수 있는 사람이 되면 그때부터는 일에 추진력이 생기고, 일이 잘 풀리니 성과도 인정받게 되죠. '역시'라는 인식이 생기는 순간, 그때부터는 상사가 여러분을 지지하고 이끌어 주는 확실한 '로열 오디언스'가 되어 줄 거예요.

이제 나만의 말습관을 만드세요!

상사를 로열 오디언스로 만들기 위해서는 이제 우리의 말습관을 바꿔야 합니다. 상사가 단번에 내용을 파악할 수 있게 간결하고 논리적으로 핵심만 전달하고, 상사의 갑작스러운 질문에도 막힘없이 대답할 수 있어야 해요. 그러기 위해서는 생각을 논리적으로 펼쳐내는 훈련이 필요합니다. 여기에 감성적인 부분도 전략적으로 접근할 필요가 있어요. 상사가 내 말에 귀를 기울이고, 최대한 긍정적인 반응을 보일 수 있도록 TPO_{Time, Place, Occasion}에 맞게 전략을 세워야 합니다.

상사를 논리와 감성으로 공략할 수 있는 전략이 섰다면 이제는 자신감 있게 메시지를 전달해야 합니다. 당당하고 확신에 찬 말투와 태도는 상사를 설득하고 믿음을 이끌어 내는 필수요소니까요. 우리가 하고 싶은 말을 조리 있게, 상황에 맞게, 확신 있게 말한다면 상사는 우리가 하는 말에 귀를 기울이고 고개를 끄덕일 거예요. 여기서 우리는 더 확실하게 이미지를 굳혀야 합니다. 바로 우리의 목소리를 통해서요. 목소리에 긍정 에너지를 담아 열정을 보여주고, 정확한 발음으로 완벽한 내용전달은 물론 유능하고 전문적이라는 느낌까지 갖게 해야 합니다. 이런 말습관을 갖춰 상사를 설득한다면 상사는 '이 친구에게 일을 믿고 맡길 만하네!'라고 생각할 거예요.

이제 우리가 회사에서 말을 할 때 일목요연하게 생각을 전달하는지, 상황과 분위기를 잘 파악하고 말하는지, 확신 있는 모습으로 말하는지, 정확한 발음과 공손한 말투로 메시지를 전달하고 있는지 살펴봐 주세요. 혹시 조금이라도 부족한 부분이 보여진다면 평소 일상 속에서 말습관을 바꾸려고 노력해 주세요. 습관이라는 것은 절대 단시간에 달라지지 않기 때문에 '말'의 습관을 바꾸기 위해서는 강력한 의지와 의식적인 노력이 반드시 필요합니다.

특히 일상에서 꾸준히 변화를 시도하며 다양한 시행착오를 겪어 봐야 해요. 회사의 말은 상사의 성향이나 지금 처해 있는 상황, 나와의 관계, 조직의 분위기 등 변수가 많기 때문에 절대적인 정답이 있을 수 없어요. 그러니 말을 할 때 이 책에서 소개하는 다양한 방법들을 수시로 적용해 보면서 나의 상황에 맞게 변형해 보세요. 그 과정을 통해 누구와도 쉽게 소통할 수 있는 나만의 센스 있는 말습관을 만들어 낼 수 있을 거예요. 내 생각에 동의하고 지지해 주는 상사의 눈빛을 느끼고 싶다면 지금부터 나만의 말습관을 만들어 보시죠.

Chapter 2

논리적으로 말하면
설득력이 생겨요

01
......

횡설수설은
이제 그만!
생각을 논리적으로 전달하는 말습관

"생각이 너무 빨리 흘러나오니까 글로 표현할 시간이 없거든요. 그렇다 보니 편지를 받은 사람이 도통 무슨 내용인지 모를 때도 있답니다."

《오만과 편견》에서 빙리라는 인물이 이런 말을 하는데요, 실제 업무를 할 때도 마치 빙리가 보낸 편지처럼 두서없이 펼쳐지는 이메일을 받는 경우가 있어요. 한 번 읽어서는 도저히 내용을 파악할 수 없어 이메일을 종이로 출력해서 보기도 해요. 천천히 밑줄을 그으며 핵심이 무엇인지를 파악해 보는 거죠. 그런데 이렇게까지 하면서 상대방이 보낸 메일을 봐야 할까요? 너무 짜증 나지 않을까요? 만약 상대가 자신의 생각을 글로 잘 표현해서 메일을 보냈다면 메일의 목적을 훨씬 쉽고 빠르게 이해하지 않았을까요?

말을 할 때도 그래요. 생각을 말로 잘 정리해서 일목요연하게 전달하면 듣는 사람이 빠르게 내용을 이해할 수 있어요. 우리가 말을 하기 전에 생각을 정리해야 하는 이유이죠. 그런데 대부분의 사람들은 '말'을 하기 전에 할 말을 제대로 준비하지 않아요. 일단 하고 싶은 이야기를 먼저 다 펼쳐놔요. 결국 메시지를 체계적으로 이해하고 요약정리해서 알아듣는 것은 상대의 몫이 되는 거예요. 이렇게 상대를 배려하지 않는 말은 존중받지 못해요. 상대는 우리의 말을 이해하려 노력하기보다 딴생각을 하거나 심한 경우 짜증을 낼지도 몰라요.

우리가 사람들을 만나고 대화를 할 때 우리의 말이 소중하게 대접받으려면 내용이 잘 전달될 수 있도록 최선의 노력을 다해야 해요. 우리의 생각을 말로 잘 다듬어서, 그것을 상대방이 잘 이해할 수 있는 순서대로 배열하여 전달해야 하는 거죠. 우리는 그 순서를 '논리'라고 해요. 논리가 잘 구성되었을 때 비로소 장황하고 두서없던 우리의 말에 질서가 생기고 설득력이 높아지는 거예요.

그럼, 어떻게 해야 우리의 무질서한 생각을 잘 길들여 논리

적으로 표현할 수 있을까요? 효과적으로 내용을 전달하면서 설
득력까지 높일 수 있는 몇 가지 공식을 소개해 볼게요.

생각을 논리적으로 전달하는 말습관 ❶
OBC로 생각을 정리하기

일반적인 상황에서 가장 쉽게 쓸 수 있는 방법은 OBC에요.
OBC는 Opening, Body, Closing의 약자로, 쉽게 말해 서론,
본론, 결론이에요. 누구나 들어봤고 아주 간단한 내용이지만
실제 말하기를 할 때 잘 사용하지 않고 있어요. 하지만 말을
할 때 사용해 보면 크게 어렵지 않고, 내용을 간결하게 정리하
기에 아주 효과적인 방법이에요.

O_{Opening}은 말의 도입 부분이에요. 도입의 가장 큰 역할은
관심을 끌어내는 거죠. 사람들의 관심을 끌기 위해서는 우선
우리가 무슨 이야기를 할 것인지에 대한 큰 그림을 말해줘야
해요. 그래야 듣는 사람도 어떤 내용을 듣게 될지 예측을 할
수 있죠. 전체적인 내용을 제시하는 것을 넘어 공감을 끌어내
거나 호기심을 자극할 수 있는 멘트를 사용하면 집중도를 더
높일 수 있어요.

B_{Body}는 본격적으로 메시지를 담아내는 본론 부분이에요.

여기서는 무엇을 할 것인지What, 왜 해야 하는지Why, 구체적으로 어떻게 실행할 것인지How를 말해줘야 해요. 그래야 우리의 생각을 더 넓고 깊게 표현할 수 있어요. 상황에 따라 What-Why-How의 배열을 바꿔도 무방해요.

CClosing은 내용을 정리해 주는 결론 부분이에요. 여기서는 이미 언급한 내용을 다시 한번 강조하거나 의미를 부여하거나 방향을 제시하는 것이 좋아요. 혹시 업무보고가 아닌 프레젠테이션이나 발표라면 감성적인 인사이트를 담아주는 것도 좋아요. 메시지의 울림을 더 강력하게 만들어 설득력을 높여줄 수 있어요.

O Opening	도입 주제 및 관심 유도	최근 디지털 혁신으로 인해 기업들의 경영환경이 급속도로 치열해지고 있습니다. 어떻게 하면 디지털 혁신 시대에 살아남을 수 있을까요?
B Body	본론 What | Why | How	저희는 '데이터 기반의 디지털 트랜스포메이션'을 제안드립니다. 디지털 혁신 시대에는 '데이터 속에 담긴 의미를 얼마나 빠르고 정확하게 도출하여 사업 기회를 포착하느냐'가 기업의 성패를 좌우할 것이기 때문입니다. 이를 위해 저희가 제공하고자 하는 솔루션은 ICBM ▲ Iot(Internet of Things) ▲ Cloud ▲ Big data ▲ Machin Learning입니다.
C Closing	결론 주제 강조 및 시사점 제시	기업들이 ICBM 솔루션을 통해 근본적으로 디지털 혁신을 이루어 낸다면, 빠르게 변화하는 산업 패러다임에 민첩하게 대응하며 의미 있는 성과를 달성할 수 있을 것으로 기대합니다.

PREP으로 설명하기

　PREP도 논리적으로 메시지를 전개할 때 사용하면 좋은 방법이에요. PREP은 Point, Reason, Example, Point의 앞 글자를 딴 것으로, 흔히 '프렙'이라고 불러요. 이 기법을 쓰면 핵심을 놓치지 않으면서도 일목요연하게 메시지를 전달할 수 있어요. 무엇보다 상사의 질문 패키지인 '뭐!' '왜!' '진짜야?' '그래서 뭐!'에 효과적으로 대비할 수 있어요.

　Point는 What, 바로 핵심입니다. 주장하고 싶은 내용이 무엇인지 말하는 거죠. Reason은 Why, 주장을 하는 이유에요. 당위성이나 명분이죠. Example은 예시나 사례를 의미하지만, 저는 구체적인 데이터 등의 증거를 제시해야 한다는 의미에서 Evidence라고 표현하기도 해요. 실제 조직에서 사용할 때는 실행방안How을 넣어도 좋아요. 마지막 Point에서는 다시 한번 주장을 반복하면 돼요. 이때 단순히 주장을 반복하는 것이 아니라 앞서 제시한 데이터 등을 자신의 관점과 해석을 담아 주장을 반복하는 것이 효과적이에요. 그래서 저는 PREP의 마지막 요소인 Point를 Perspective(관점)라고 바꿔서 사용해요.

P Point	What	주제	뭐!
R Reason	Why	이유	왜!
E Example Evidence	How	사례 증거	진짜야?
P Point Perspective	So What	주제 시사점 목표 및 포부	그래서 뭐!

예시 1

P 매일 운동을 해야 합니다.

R 건강을 위해서입니다.

E 실제 매일 30분씩 운동한 사람은 잔병치레가 적고, 평균 수명도 5세

길어졌다고 합니다.

P 오래오래 건강하게 살기 위해서는 매일 운동을 해야 합니다.

예시 2

P 회사에서 말을 잘해야 합니다.

R 말을 잘해야 조직에서 실력을 인정받을 수 있습니다.

E 실제 미국에서 500대 기업의 임원을 대상으로 설문조사를 한 결과

자신을 임원으로 만들어 준 역량 1위로 '커뮤니케이션'을 꼽았습니다.

P 그러니 여러분도 조직에서 성공하고 싶다면 말을 잘해야 합니다.

몹시 간단해 보이죠? 그런데 막상 PREP 기법을 보고에 적용해 보면 생각보다 쉽지 않습니다. 방대하게 펼쳐져 있는 나의 생각들을 정형화된 틀에 구겨 넣는 일은 쉬운 일이 아니니까요. 그래서 여러분이 회사에서 쉽게 사용할 수 있도록 몇 가지 변형된 툴을 소개해 드릴게요.

추진방안을 보고할 때

P(주장) '랜선 인문학 발전소' 프로그램을 운영하고자 합니다.

R(추진 배경) 대면소통이 줄어든 요즘, 인문학이라는 매개체를 통해 임직원 간 소통을 활성화하기 위해서입니다.

E(실행방안) 이 프로그램은 원격화상회의 앱을 활용한 비대면 방식으로 진행할 예정이며, 첫 강연은 유명화가의 명작과 그 배경을 소개하는 Art&Travel로 진행하고자 합니다. 추후 와인, 역사, 사진 등 임직원들이 흥미를 느낄 수 있는 주제로 강의를 진행할 예정입니다.

P(기대효과) 앞으로도 임직원들의 다양한 의견을 반영해 '랜선 인문학 발전소'를 우리 회사의 대표 소통 프로그램으로 확대해 나가겠습니다.

P(주장) 공공임대주택 임대보증금 지원 사업을 시행하고자 합니다.

R(추진배경) 공공임대주택 입주자 중에는 임대료가 저렴함에도 불구하고 보증금 마련이 어려워 중도 퇴거하는 경우가 있습니다. 이에 저소득층 주거 안정을 위해 이번 정책을 마련하였습니다.

E(실행방안) 구체적 실행방안으로는, 임대보증금의 50%, 최대 200만 원을 최장 20년 동안 무이자로 지원하고자 합니다. 올해만 예산 41억 원을 투입해 2,330호 이상 지원할 예정입니다.

P(기대효과) 이 정책을 통해 저소득 주민들이 보증금 때문에 불안에 떨거나 삶의 보금자리를 포기하지 않도록 하겠습니다.

P(실적) 올해 저희 회사는 서비스 만족도 93점을 달성했습니다.

R(의미부여) 이는 지난해보다 3점 상승한 것으로, 지속적인 고객경험 개선활동을 추진한 것이 주효했던 것으로 분석됩니다.

E(구체적 노력) 실제 고객들은 전문성(97), 친절성(95), 신속성(93) 등에서 높은 만족도를 보였습니다. 다만, 여전히 '접근 용이성(87점)'이 부족하다는 의견이 있었습니다.

P(목표 및 포부) 이에 개선사항으로 지적된 '접근 용이성'을 더욱 집중적으로 관리하여 내년에는 모든 항목에서 90점 이상의 만족도를 이끌어

내겠습니다.

이렇게 PREP에 맞춰 메시지를 정리하다 보면 불필요한 메시지가 끼어들 틈이 없습니다. 핵심이 명확해지는 거죠. 그러면서도 메시지들이 인과관계에 맞게 전개되기 때문에 논리와 설득력이 생기죠. 이제 구구절절 빙빙 돌려 말하지 말고, PREP을 활용해 말의 핵심과 논리, 간결함을 동시에 잡아보세요. '이 친구 설명 좀 하네!'라는 긍정 평가가 기다리고 있을 거예요.

생각을 논리적으로 전달하는 말습관 ❸
SBE로 설득하기
....
상사를 설득할 때에는 SBE를 써보세요. S는 Solution, B는 Benefit, E는 Evidence에요. 추진하고자 하는 업무가 있거나 제안하고 싶은 아이디어가 있다면 이 방법을 추천합니다.

S_{Solution}은 해결책이죠. 현재 직면한 문제를 해결하기 위해 '무엇을 할 것인지' 제시하는 거예요. 즉, 결론을 먼저 이야기하는 거죠. 그리고 해결책보다 중요한 건 B_{Benefit}, 혜택이에요. 우리의 보고를 듣는 상사가 '아! 이건 정말 필요한 거다!' 또는

생각을 논리적으로 전달하는 말습관 ❸

'이게 있으면 참 좋겠다'라고 생각해야 해요. 아무리 좋은 전략과 제안도 혜택과 이익이 없다면 선택받을 수 없어요. 그래서 설득력을 높이기 위해서는 앞서 Solution에서 제시한 전략이 우리에게 얼마나 많은 이익을 주는지를 상사나 회사 또는 고객의 입장에서 구체적으로 말해줘야 해요. 그런 다음 구체적인 증거Evidence를 통해 우리가 주장하는 내용이 타당하다는 것을 입증해야 합니다. 그래야만 상사를 납득시키고 설득까지 끌어낼 수 있어요.

예시 1

S 이번 회사 워크숍은 A리조트에서 진행하려고 합니다.

B 오픈한지 얼마 되지 않은 리조트여서 워크숍을 위한 시설 등이 잘 갖춰져 있는데다 가격도 합리적입니다.

E 동급 리조트와 비교해 본 결과, A리조트는 빔과 오디오 등 시스템적인 측면과 책상과 의자 등 내부시설 측면에서 타 리조트보다 우수합니다. 이렇게 시설이 뛰어남에도 가격은 B리조트, C리조트와 동일하며, 오픈 기념으로 진행하는 특별 프로모션을 적용하면 10% 저렴하게 이용할 수 있습니다.

S 신제품 온라인 프로모션에 인플루언서 'A'를 활용해 보고자 합니다.

B A가 소개하는 제품에 대한 고객들의 신뢰도가 높아, A가 우리 제품의 리뷰를 진행한다면 신제품 판매에 도움이 될 것으로 예상됩니다.

E 실제 인플루언서 A의 제품 리뷰 영상이 유튜브에 업로드되면 판매 수치가 함께 증가하는 현상이 나타나고 있습니다. 지난번 출시된 제품의 경우 리뷰 영상 업로드 후 검색량은 OO%, 판매량은 OO% 높아졌습니다.

생각을 논리적으로 전달하는 말습관

1. **OBC로 생각을 정리하기**

   서론-본론-결론으로 생각을 정리하는 가장 기본적인 공식이에요. 뒤죽박죽인 생각을 정리하고 싶다면 이 공식을 가장 먼저 써보세요.

2. **PREP으로 설명하기**

   이 공식을 수첩에 적어두고 보고서를 쓸 때, 유관부서와 전화할 때, 회의할 때 사용해 보세요. 조리 있게 말하면서도 돌발질문에 잘 대처할 수 있답니다.

3. **SBE로 설득하기**

   이 공식의 핵심은 Benefit에 있어요. '도대체 뭐가 좋은데!'를 반드시 공략해야 설득이 원활해집니다.

- 이 공식들은 각 항목을 레고블럭처럼 떼었다 붙이며 다양한 형태로 조립할 수 있어요. 보고 형태와 메시지의 흐름에 따라 변형해서 사용해 보세요.

02
......

핵심, 절대
놓치지 마세요!
핵심을 집중 공략하는 말습관

'가성비'라는 말이 있죠. 가격 대비 성능을 말합니다. 가성비가 좋으면 적은 투자로 높은 만족감을 얻을 수 있어요. 그런데 말에도 가성비가 있습니다. 상사가 꼭 알아야 하는 핵심적인 내용만 짧게 전달하는 것, 그것이 바로 가성비 높은 커뮤니케이션이겠죠.

특히 회사에서 말을 할 때는 가성비를 높일 필요가 있어요. 상사는 늘 바쁘고 시간이 부족하기 때문이에요. 정리되지 않은 이야기를 구구절절 길게 늘어놓는 것은 상사의 시간을 낭비하는 겁니다. 이때 대부분의 상사는 참을성을 발휘하지 않아요. 상사는 "시간 없어. 빨리 말해!"라고 말할 겁니다. 이 상황에서 여러분은 어떤 선택을 하겠어요?

이럴 때 많은 사람들은 말의 속도를 높입니다. 빠른 시간 안에 준비한 내용을 다 전달해야 하기 때문이죠. 그런데 이때 자신에게 주어진 시간이 얼마 없다는 생각이 들면 마음이 초조해져 말은 꼬이고 발음은 뭉개집니다. 이런 상황에서 과연 우리가 목표한 메시지를 얼마나 제대로 전달할 수 있을까요?

그렇다면 말을 빨리하는 대신 내용을 빼면 어떨까요? 메시지의 우선순위를 정해 중요한 순서대로 전달하고, 우선순위가 낮은 메시지는 과감히 버리는 거예요. 꼭 해야 할 만만 남겨두는 거죠. '다 중요해서 무엇 하나 버릴 수 없어요'라는 목소리가 들리는 듯한데요. 우리가 중요한 메시지라고 생각한 부분을 과감하게 덜어냈을 때, 의외로 핵심과 맥락이 더 선명해지는 경우가 있어요. 불필요한 메시지였던 거죠.

그럼, 어떻게 하면 불필요한 내용을 덜어내고, 꼭 필요한 메시지만 선별해 간결하게 할 말만 전달할 수 있을지 알아볼게요.

'무엇'을 '왜' 말하는지 미리 정리하기

저는 업무 목적이 명확한 대화를 좋아합니다. 회의에 앞서 "저는 오늘 크게 세 가지 내용을 논의 드리려고 합니다."라고 이야기를 하면 시작이 명쾌해져요. 회의내용을 미리 파악할 수 있게 예고를 해주기 때문이에요. 또 회의를 마무리할 때 논의한 내용이나 요청사항을 다시 한번 정리해 주면 더욱 좋습니다. 그러면 회의는 아주 몰입도 있게 진행되고, 구체적인 결과까지 도출해 낼 수 있습니다.

그런데 이렇게 핵심을 명쾌하게 말하는 능력은 타고 나는 걸까요? 그렇지 않습니다. 준비하지 않고 말을 잘하는 사람은 흔하지 않아요. '회의에서 무엇을 논의해야 할까?' '그 논의는 왜 필요하지?' '회의를 통해 얻어내야 하는 결과는 무엇이지?' 등 회의의 '주제' '목적' '목표'를 사전에 정확하게 파악하고, 그에 맞는 메시지를 준비하는 노력이 있었기 때문에 사안의 본질을 정확하게 꿰뚫는 커뮤니케이션 능력을 갖추게 된 거죠.

그러니 상사에게 핵심을 정확하게 전달하고 싶다면, 보고를 하기 전에 나에게 먼저 딱 세 가지 질문을 해보세요. '나는 상사에게 무엇을 말할 것인가?' '그 말을 왜 해야 하는가?' '상사가 무엇을 해주기를 바라는가?' 이 세 가지 질문에 대한 대답을 하는 과정에서 우리가 해야 할 말의 '핵심'이 명확하게 머릿속에 자리 잡게 될 거예요.

보고하기 전 나에게 하는 3가지 질문

1) 나는 상사에게 무엇을 말할 것인가?
2) 그 말을 왜 해야 하는 것인가?
3) 상사가 무엇을 해주기를 바라는가?

핵심을 집중 공략하는 말습관 ❷
우선순위 정하기

　신입사원 시절에 《인생에서 가장 소중한 것》의 저자 하이럼 스미스를 인터뷰한 적이 있어요. 이때 어떻게 하면 시간관리를 잘할 수 있는지에 대해 질문했는데, 가장 인상적이었던 답이 '우선순위'였어요. 오늘 해야 할 일을 쭉 적어본 후 그것을 중요도에 따라 나눠보라는 것이었죠.

　그때부터 매일 출근을 하자마자 다이어리에 그날 해야 할 일을 적고, 우선순위에 따라 분류하는 습관을 갖게 됐어요. 일처리가 한결 빨라지는 걸 경험한 후로 지금까지도 이 루틴을 유지하고 있습니다.

```
                        중요도
       B                           A
   중요하지만                    중요하고
 긴급하지 않은 일                긴급한 일
- - - - - - - - - - - - - - - - - - - - - -
       D                           C
   긴급하지도                   긴급하지만
 중요하지도 않은 일            중요하지 않은 일
                                          긴급도
```

　그리고 이렇게 우선순위에 따라 할 일을 분류하는 습관은 말을 할 때에도 도움이 됐어요. 상사에게 해야 할 메시지를 다 적어보고, 중요도에 따라서 A, B, C, D로 분류하는 거죠.

```
                        중요도
       B                           A
   상사가 반드시                상사가 반드시
   알아야 하지만                 알아야 하고
 긴급하지 않은 일                긴급한 일
- - - - - - - - - - - - - - - - - - - - - -
       D                           C
   상사가 알 필요도             긴급하지만
 긴급하지도 않은 일              상사가 꼭
                              알 필요는 없는 일
                                          긴급도
```

이렇게 메시지를 우선순위에 따라 정리하면 어떤 내용이 핵심인지를 한눈에 파악할 수 있어요. 그러니 말을 할 때 자꾸 핵심을 놓친다면, 미리 할 말을 다 펼쳐놓고 그 중 A에 해당하는 내용이 무엇인지를 먼저 파악해 보세요. 뒤죽박죽이었던 메시지 속에서 핵심이 선명하게 보일 거예요.

핵심을 집중 공략하는 말습관 ❸
구체적인 행동 요청하기

상사에게 보고를 할 때는 얻고자 하는 결과가 무엇인지 스스로 명확히 인지한 상태에서 말하는 것이 중요해요. 나름대로 열정적으로 얘기했는데 아무런 진전이 없는 경우 정말 난감하죠. 그래서 상사의 조언이 필요했던 것인지, 상사의 의사결정이 필요했던 것인지, 그저 진행상황을 보고하려 했던 것인지를 명확히 해야 해요.

상사도 보고를 들을 때 '내가 이 말을 들어야 하는 이유가 무엇인가?'를 고민합니다. 이때 우리가 원하는 것을 구체적으로 말하지 않으면 상사는 대체 자신이 무엇을 해줘야 하는지 알 수 없어요. 만약 우리가 "요즘 일이 너무 많아요. 월말까지 프로젝트를 완료해야 하는데 이것도 해야 하고 저것도 해야 하고…"라고 말하면 이것은 넋두리나 불평에 지나지 않죠. 그러면 우리는 그저 불만이 많고 투덜거리는 사람이 될지도 몰라요. 상사가 "최 과장, 그럼 팀원을 충원해 줄까?"라고 말해 줄 확률은 0입니다.

에둘러 말하지 말고, 척하면 척이겠지 생각하지 말고, 뭘 원하는지 최대한 구체적으로 이야기하세요. "팀장님, 저희 팀에 업무 조정이 필요합니다. 최근 잇따른 프로젝트 수주 성공으로 일이 많이 몰리면서 팀원들의 피로도가 극에 달한 상황입니다. 팀원 확충이나 업무범위 조정에 대해 말씀을 나누고 싶습니다."라고 원하는 반응과 행동은 물론 방법도 제시해 주세요.

이처럼 '구체적으로 원하는 것이 무엇인지'를 명확하게 정리해서 이야기하면 상사에게 빠르게 핵심을 전달하면서도, 우리가 원하는 결과까지 이끌어 낼 수 있어요. 그러니 상사에게 요청을 할 때는 상사가 해주었으면 하는 구체적인 행동을 꼭 제안해 주세요.

핵심을 집중 공략하는 말습관

1. '무엇'을 '왜' 말하는지 미리 정리하기

   가야 할 목적지가 명확하면 길을 조금 헤매더라도 최종 목적지에 도착할 수 있지만, 목적지 자체가 없으면 방향을 잃고 표류하게 돼요. 그러니 말을 할 때는 반드시 '목적지'가 어디인지 말의 주제와 목적을 먼저 생각해 보세요.

2. 우선순위 정하기

   머릿속이 뒤죽박죽 복잡해서 무엇이 핵심인지 모르겠다면 메시지를 중요도에 따라 A, B, C, D로 구분해 보세요. 무엇이 가장 중요한 핵심인지를 쉽게 찾을 수 있어요.

3. 구체적인 행동 요청하기

   '구체적인 요청'이 없는 경우 핵심을 겉도는 뜬구름 같은 말이 될 가능성이 높아요. 상사에게 원하는 것이 무엇인지를 콕 집어서 최대한 구체적으로 요청해 보세요.

'왜'가 그렇게
중요한가요?
빠른 의사결정을 끌어내는 말습관

상사에게 기획서를 가져가면 상사는 "응, 그래서 이걸 왜
해야 하는데?"라고 물어봅니다. 그러면 저는 도대체 상사들은
왜 이렇게 명분에 집착하는 거냐며, 근거를 대라고 해서 트렌
드라고 말했는데 그것도 이해 못한다고 …. 결국 보고서 쓰는
시간에 트렌드가 다 지나간다며 한탄했더랍니다.

당시에는 마치 제가 대단한 것을 알고 있다고 착각하며 말
도 안 되는 이야기를 자신있게 우겼습니다. 정작 그것이 '왜'
트렌드인지에 대한 근거자료나 증명은 없었죠. '왜'라는 질문
에 어떻게 대답해야 하는지를 몰랐던 겁니다. 그러니 나름 '트

렌드'라는 근거를 말했는데도 상사가 고개를 갸우뚱하는 이유가 무엇인지, 그들이 "글쎄…"라며 결정을 미루는 이유를 알 수가 없었죠.

하지만 상사에게 '왜?'는 그들이 의사결정을 할 때 꼭 필요한 요소에요. 자신이 결정하는 순간 회사의 자원이 활용되고, 그것은 곧 비용으로 연결되기 때문이죠. 그래서 다양한 형식의 보고를 통해 '그 비용이 합당한 이유로 활용됐다'라는 것을 객관적으로 증명할 필요가 있어요. 그렇기 때문에 보고를 할 때는 상사가 확신을 가지고 의사결정을 할 수 있도록 구체적이고도 반박 불가능한 공신력 있는 데이터를 제시해야 합니다.

결국 상사가 우리에게 "왜?"라고 물어보는 것은 의사결정을 할 수 있는 근거가 충분하지 않다는 거예요. '보고'의 목적이 상사의 의사결정을 돕는 거라면 우리는 상사가 충분히 납득할 수 있는 자료들을 제시해 상사의 결정을 도와야 합니다. 구체적이고 객관적인 근거를 제시해 상사가 옳은 결정을 했다고 생각할 수 있게 만들어 주는 거죠. 이 고민의 과정을 거치면 도저히 이해가 안 되던 상사와 말이 통하는 경험을 하게 될 거예요. 그만큼 의사결정도 빨라지겠죠.

그럼, 어떤 근거를 어떻게 제시해야 상사의 의사결정을 빨리 끌어낼 수 있을까요? 상사가 의사결정을 할 때 가장 민감하

게 체크하는 지점을 파악하고, 어떻게 공략해야 할지 알아볼
게요.

왜 좋은지 구체적으로 제안하기

사람들은 의사결정을 할 때 나에게 어떤 이해득실이 있는
지를 가장 먼저 고려합니다. 여기서 중요한 것은 '나에게'입니
다. 일반론적인 이야기는 의사결정에 아무런 영향력을 미치
지 못합니다. 그것이 구체적으로 '나에게' 어떤 영향을 끼치는
지가 가장 중요합니다.

우리의 상사도 마찬가지입니다. 일반적인 시장상황만을 제
시해서는 안 됩니다. 시장상황이 '우리' 회사나 팀에 미치는 영
향까지 고려하여 그에 맞게 '왜'라는 질문에 답해야 합니다. 해
당 업무를 했을 때 어떤 이익이 있는지, 혹은 하지 않았을 때
어떤 불이익이 있는지를 제시했을 때 그것이 우리가 지금 반드
시 이 일을 해야 하는 이유, 즉 당위성이 됩니다. 이 부분에서
충분한 공감을 끌어내야만 상사의 이목을 잡아끌 수 있습니다.

그래서 보고하기 전에 스스로에게 반드시 다음과 같은 질
문을 던져봐야 합니다.

1) 이 일을 하면 '우리' 회사(팀)에 무엇이 좋은가?

2) 이 일을 했을 때의 혜택과 불이익은 무엇인가?

3) '우리' 고객에게는 어떤 도움이 되는가?

이런 질문을 통해 해당 업무가 '우리'에게 꼭 '필요'한지 파악할 수 있습니다. 아무리 좋은 기술도 사람들이 필요성을 느끼지 못하면 선택받지 못합니다. 그 기술이 우리의 삶을 어떻게 바꿔줄 것인지 청사진을 제시해야 우리는 '구매'라는 행위를 하죠. 우리가 보고하는 업무도 상사가 해당 업무의 필요성을 느껴야 진행될 수 있습니다. 우리가 아무리 좋은 제안을 하더라도 그것이 회사나 팀에 도움이 되지 않는다면 선택할 이유가 없습니다. 그러니 앞으로 상사가 "이 일을 왜 해야 하는데?"라고 묻는다면, 그 일이 '우리'에게 어떤 도움이 되는지 말해 보세요. 상사가 '필요성'을 느끼게 하는 것, 그것이 '왜'라는 질문에 대처하기 위한 우리의 자세일 겁니다.

상황 1. 일을 추진했을 때의 혜택을 제시

• **지금까지의 우리**

우리 유튜브 마케팅을 강화하고자 합니다.

상사 그걸 왜 해야 하는데?

우리 트렌드이기 때문입니다.

상사 아, 됐고! 트렌드는 무슨 …

• **앞으로의 우리**

우리 유튜브 마케팅을 강화하고자 합니다.

상사 그걸 왜 해야 하는데?

우리 저희의 주 타깃고객인 MZ세대 사이에서 유튜브의 영향력이 매년 OO%씩 증가하고 있습니다. 저희가 유튜브를 공략한다면 MZ세대의 유입이 더욱 활발해질 것으로 기대됩니다.

상사 그래? 어디 한 번 자세히 설명해 봐.

이처럼 혜택을 이야기해서 상사가 필요성을 느끼게 하는 것만큼이나 이 일을 하지 않았을 때의 손해를 이야기하는 것도 효과적인 방법입니다.

상황 2. 일을 추진하지 않았을 때의 불이익을 제시

• **지금까지의 우리**

우리 지금 위기입니다!

상사 아, 그런데 이 위기에 그걸 왜 해야 하냐고?

- **앞으로의 우리**

우리 중국의 추격이 거셉니다.

상사 그거 모르는 사람이 있나? 뻔한 소리 하네.

우리 지금 변화하지 않으면 2~3년 내에 시장에서의 지위가 역전될 것입니다.

상사 무슨 말도 안 되는 소리야!

우리 실제 최근 몇 년 사이 세계 1위 제품이 모두 중국으로 넘어갔습니다.

상사 (아, 생각보다 심각하구나)

우리 우리의 주력사업도 더 이상 안전하지 않습니다.

상사 (앗, 안심할 때가 아니네, 어디 한 번 들어보자)

빠른 의사결정을 끌어내는 말습관 ❷
믿을 만한 자료 제시하기

어릴 적 아버지는 누구보다 설득이 어려웠어요. 아무리 좋다고 감언이설을 늘어놓아도 쉽게 움직이지 않으셨죠. 그런 아버지를 움직이는 막강한 매체가 바로 신문이었습니다. 제가 이야기할 때는 꿈쩍도 안 하셨는데, 신문에 관련 기사가 나면 급격하게 신뢰도가 달라지죠. 딸이 한 말은 한 개인의 의견일 뿐이지만 신문은 믿을 만한 매체라고 보기 때문이죠. 이처럼 공신력 있는 자료는 사람의 마음을 움직이는데 아주 효과적입니다.

공신력 있는 근거는 믿게 만드는 힘이 있습니다. 그러니 상사를 설득하고 싶다면 누구라도 믿을 수 있는 데이터를 통해 우리의 주장을 증명해야 합니다. "팀장님. 제가 요즘 젊은 친구들을 보니까 물건을 인스타그램에서 많이 사더라고요"라고 말하는 것과 "제가 어제 경제 주간지를 봤더니 요즘 친구들은 인스타그램에서 물건을 많이 구매한다고 하네요"라고 말하는 것은 말의 무게감이 다릅니다. 직원의 의견에는 쉽게 반박할 수 있지만 경제 전문기자가 쓴 기사를 반박하기는 쉽지 않죠.

구글에는 "의견은 접어두고 데이터로 말하라"라는 표어가 있다고 합니다. 이처럼 세계 최고의 IT 기업에서도 '근거'를 강조하고 있죠. 그러니 상사를 설득하고 싶다면 누구라도 믿을 수 있는 데이터를 통해 우리의 주장을 증명해야 합니다.

이때 상사가 신뢰하는 데이터의 출처가 어쩌면 신문이나 통계청 자료가 아닌 내부자료나 사람일 수도 있습니다. 믿을 만한 소식통의 정보나 일을 믿고 맡기는 후배의 의견이 상사를 설득할 막강한 근거가 될 수도 있다는 거죠. 그러니 상사가 평소 어떤 사람의 말, 어떤 데이터를 신뢰하는지를 잘 파악해 그 부분을 공략해 보세요.

Before   팀장님, 요즘 친구들 SNS를 보니 캠핑이 엄청 핫하더라고요. 저희도 캠핑 관련 상품을 기획해 보면 어떨까요?

After   팀장님, 얼마 전 기사를 보니 캠핑용 식품 판매가 작년 같은 기간 대비 150%나 늘었다고 하네요. 캠핑용품은 134%나 늘었고요. 저희도 캠핑 관련 상품을 기획해 보면 어떨까요?

.

빠른 의사결정을 끌어내는 말습관 ❸
망설이는 이유 공략하기

"근거를 제시하라!"

스피치 책에 많이 나오는 말이죠. 그런데 '아, 내가 해봤는데 아무 효과 없어!'라고 말하고 싶은 분들도 있을 거예요. 아무리 논리적 근거와 눈에 보이는 자료를 들이밀어도 꿈쩍도 안 하는 상사가 있기 때문이에요. 도대체 상사는 왜 이렇게 확실한 근거를 보고도 결정을 망설이는 걸까요? 그럴 때는 상사가 어떤 이유 때문에 주저하는지를 파악하면 좋습니다. 명분은 확실하지만 상사의 마음을 불편하게 하는 요소가 있을 수 있거든요.

정재승 교수의 책《열두 발자국》에는 이런 문구가 나옵니다.

"의사결정과정에서 '감정'이 매우 중요한 역할을 한다는 사실입니다. 우리는 이성에 비해 감정을 열등하다고 여기지만, 감정은 상황을 빠르게 파악하고 신속하게 행동할 수 있도록 결정을 내리는데 핵심적인 역할을 해요. 감정이 만들어 낸 선호와 우선순위는 의사결정을 할 때 매우 중요하지요."

우리는 모든 것을 이성적으로 판단한다고 생각하지만 의외로 '감정'이 의사결정에 상당한 영향력을 가지고 있다는 거죠. 그러니 의사결정을 가로막는 감정이 무엇인지를 먼저 파악할 필요가 있어요. 그런 것들은 대부분 차마 후배들에게 말하기 창피하거나 면이 안 서는 내용인 경우가 많죠. 그때는 아마 상사가 말도 안 되는 이유로 하지 말라고 하기도 할 거예요. 상사가 마음속으로 '제발 저거는 안 한다고 했으면 좋겠는데…'라고 생각하고 있는데 그런 상사의 마음도 모르고 우리가 너무 똑 부러진 근거를 가져가면 상사도 참 난감하지 않을까요?

실제 해외에서 스카웃되어 국내 기업에 들어온 한 임원이 회의에서 정말 열심히 보고를 했는데 아무리 설명해도 상사가 "글쎄요. 이해가 안 되는데요"라고 말하더랍니다. 그래서 더 열정적으로, 더 자세히, 더 논리적으로 설명을 했다고 해요. 그런데도 상사는 여전히 "글쎄요. 난 무슨 말인지 잘 모르겠어요"라고 답해 너무 답답했다고 하더군요. 그 후 동료 임원에게 물어보니 상사는 그 일을 추진하고 싶지 않은 나름의 이유가 있었다고 하더라고요. 그 부분을 파악하지 못했기 때문에 설득에 실패한 거죠.

그래서 저는 '보고는 기성복이 아니라 맞춤복이다'라고 말해요. 모든 사람에게 같은 룰이 적용되지 않거든요. 아무리 좋은 아이디어도, 아무리 좋은 근거도 지금 내 앞에 있는 사람의 감정과 상황과 성향에 따라 전혀 다르게 받아들여질 수 있어요. 그러니 상사가 흔쾌히 선택할 수 있는 안건인지를 파악하는 것이 우선입니다. 그래야만 상사가 결정을 망설이는 진짜 이유를 찾아내서 공략할 수 있을 거예요.

빠른 의사결정을 끌어내는 말습관

1. **왜 좋은지 구체적으로 제안하기**

   설득에서 가장 강력한 요소는 '장점'이에요. 우리가 제안한 일
   을 했을 때 얻을 수 있는 긍정적인 효과에 대해 이야기하세요.

2. **믿을 만한 자료 제시하기**

   공신력 있는 자료는 강력한 설득을 끌어냅니다. 여러분의 '의
   견' 말고, 공신력 있는 '데이터'로 이야기하세요.

3. **망설이는 이유 공략하기**

   상사가 의사결정을 망설일 때 표면적 이유와 본질적 이유가 다
   를 수 있어요. 상사의 의사결정을 가로막는 본질적인 요소를
   찾아내서 공략해야 설득이 가능해요.

04
......

도대체 하는 일이
뭐냐고요?
팩트를 임팩트로 만드는 말습관

"선생님, 분명 저희 팀이 일도 더 많이 하고 실적도 좋았는데 왜 다른 팀이 더 인정을 받는 걸까요? 저희가 표현을 할 때 문제가 있었던 걸까요?"

한 기업에서 강의를 마치고 나오는데 누군가 이런 질문을 하더군요. 제대로 인정받지 못한 그 마음이 얼마나 속상했을까요?

조직에 속한 이상 우리는 어쩔 수 없이 스스로 존재의 이유를 만들어야 해요. 그리고 그 과정 속에서 다른 누구보다 더 좋은 평가를 받아야 하는 숙명을 안고 있어요. 그래서 최고의 실적을 위해 최선을 다해 일을 하는 거죠. 이때 기대했던 것만큼 인정받지 못하면 기운이 쭉 빠지는 것을 넘어 좌절감이 밀려오기도 하죠. 그런데 과연 우리는 우리가 얼마나 의미 있는 일을 했는지 잘 표현하고 있을까요? 괜히 잘난 척하는 것 같은 마음에 멋쩍고 낯뜨거워 구태여 말하지 않은 경우가 많지 않나요. 실제로 회사에서 임직원들을 인터뷰해 보면 아주 무미건조하게 팩트로만 말해요. "이러한 실적을 내기 위해서는 노력도 정말 많이 하셨을 텐데요?"라고 질문하면 "별거 없어요. 그냥 열심히 했는데…"라고 겸손하게 답해요.

자신이 한 일에 대해 의미와 가치를 부여하는 것이 생색내는 것으로 느껴지기 때문이죠. 하지만 과정에 대한 설명 없이 단순히 팩트의 정보만으로는 그분들의 업적이 얼마나 의미 있는지 알 길이 없어 못내 아쉬울 때가 많아요.

최근 읽은 기사 중 '팩트의 시장가치는 0이다'라는 문구가 있었어요. '콘텐츠는 정보의 나열이어서는 안 되고, 주관적 관점으로 재해석하고 가공한 공유할 만한 인사이트를 갖춘 콘텐츠만이 돈 주고 살 수 있는 그 무엇이 된다'는 겁니다.

우리의 업적도 단순한 정보의 전달이어서는 안 됩니다. 우리 일의 가치가 드러날 수 있게 '의미'를 부여하는 과정이 반드시 필요해요. 어떤 의미를 부여하느냐에 따라 우리 일의 가치가 달라지기 때문이에요.

그럼, 어떻게 해야 우리의 일을 좀 더 의미 있게 표현할 수 있을까요? 우리의 일을 더욱 임팩트 있게 전달하는 방법을 알아볼게요.

팩트를 임팩트로 만드는 말습관 ❶
같은 말도 다르게 표현하기

"주요 업무성과에 대해 보고드리겠습니다. 첫 번째는 손해율입니다."

첫 도입이 어쩐지 밋밋하죠. 별다른 감흥도 느껴지지 않아요. 어떤 '성과'를 냈는지가 시작부터 등장해야 하는데, 어떤 '업무'인지를 이야기하고 있으니 기대감이 생기지 않아요. 첫 도입에서부터 듣는 사람이 '아! 올해는 뭔가 성과가 있구나!'라고 느끼게 해줘야 해요.

'어떤 업무'에서 '어떤 성과'로 메시지를 바꾸려면 Action의 의미를 담고 있는 '동사형 명사'가 필요해요. '손해율'이라는 명사만 사용하기보다 '손해율'이 어떻게 달라졌는지를 알 수 있는 '동사형 명사'를 더해 주는 겁니다. 딱 한 단어를 더했을 뿐인데 메시지가 한층 경쟁력 있게 전달됩니다.

Before 첫 번째는 손해율입니다.

After 첫 번째는 손해율 개선입니다.

'명사'에 수식어를 더해 주는 방법도 있어요. 수식어를 통해 어떤 성과를 이루어 냈는지, 어떤 점을 강조하고 싶은지 더욱 구체적으로 표현해 주는 거예요.

Before 첫 번째는 시공업무입니다.

After 첫 번째는 무사고 시공입니다.

단순히 '시공'이라는 말만 할 때와 '무사고'라는 수식어를 반영했을 때 실적이 더욱 뚜렷하게 표현돼요. 여기서 한 걸음 더 나가 빠듯한 기한을 준수하면서도 '무사고 시공'을 했다는 것을 강조하고 싶을 때에는 '기한 내 무사고 시공입니다'라고 표현할 수도 있겠죠.

Before 첫 번째는 무사고 시공입니다.

After 첫 번째는 기한 내 무사고 시공입니다.

'납기와 무사고'가 조직의 중요한 가치라면 이렇게 표현했을 때 우리의 성과는 더욱 빛이 날 거예요. 그러니 우리가 한 일의 진가가 제대로 전달될 수 있도록 상사가 원하는 구체적인 메시지를 담아 표현해 주세요. 같은 업무도 전혀 다른 무게감으로 다가갈 수 있답니다.

팩트를 임팩트로 만드는 말습관 ❷

비교우위 말하기

의미를 부여하는 가장 좋은 방법은 '비교우위'를 제시하는 거예요. 만약 자사의 서비스 가입자가 10만 명을 돌파했다면 "A서비스 가입자가 10만 명을 돌파했습니다"라고 말할 수 있겠죠. 그런데 10만 명이면 누가 봐도 꽤 많은 숫자지만 경쟁사가 20만 명을 달성했다면 어떨까요? 경쟁사에 비해서는 많은 숫자가 아니지요.

그래서 비교가 중요해요. 10만 명이라는 숫자가 얼마나 큰 숫자인지를 직관적으로 가늠할 수 있게 해줘야 '와우! 정말 놀라운 실적이군!'이라는 생각이 들 수 있어요. 예를 들면 경쟁사 대비 얼마나 우수한 실적인지 또는 기존 서비스 대비 얼마나 단기간에 달성한 수치인지를 비교해 말해 주는 것이죠.

Fact		비교우위
"A서비스 가입자가 10만 명을 돌파했습니다."		"서비스를 출시한지 단 3개월 만에 이루어 낸 성과입니다." "통신업계 최초의 기록입니다."

"A서비스 가입자가 10만 명을 돌파했습니다. 이는 서비스를 출시한지 단 3개월 만에 이루어 낸 것으로, 통신업계 최초의 기록입니다."

마찬가지로 "지난해 대비 15% 상승한 수치입니다"라고 말한다면 '과연 이것이 많이 상승한 걸까?'라는 의문이 들 수 있겠죠. 어쩌면 그전에는 18%의 성장이 있었을 수 있으니까요. 그럴 때는 '이 서비스를 시작한 이후 처음으로 두 자릿수 성장세에 접어들었습니다'라는 식으로 표현해 준다면 '와우'라는 감탄사를 끌어낼 수가 있어요. 그러니 숫자나 수치를 이야기할 때는 비교우위를 꼭 언급해 주세요.

수치에 비교우위를 더해 보자

- 지난해 처음으로 1 이하로 떨어진 합계 출산율은 올 2분기 0.83명으로 2008년 집계를 시작한 이래 가장 낮은 수치를 보였습니다.

- 지난해 연간 매출이 1,590억원, 영업이익이 71억원이었던 점을 감안하면 반년 만에 이미 지난해 실적의 70% 가까이 올린 셈이다.

비결을 구체적으로 말하기

성과를 이야기할 때 다들 어려워하는 부분이 바로 '성공비결'이에요. 대부분 "평소처럼 했는데 잘됐어요" "누구나 하는 일이에요"라고 겸손하게 말해요. 왜 성공했는지, 어떻게 실적이 좋아졌는지에 대한 구체적인 내용이 없어요. 하지만 생각해 보세요. 우리가 업무에 변화를 추구하거나 새로운 영역에 도전하지도 않았는데 실적이 개선됐다면 그것은 그냥 운이 좋았던 걸로 끝나는 거예요.

이제는 '모든 팀원이 힘을 합한 결과' '기본에 충실한 결과' 같이 교과서 같은 모호한 이유 말고, 우리의 업무 속에서 어떤 점이 실적을 이루어 내는데 기여했는지를 구체적으로 파악해 보세요. 팀원들이 힘을 합쳤다면 도대체 어떤 방법으로 어떻게 힘을 합쳤는지, 기본에 충실했다면 기존에 지켜지지 않았던 기본 중 어떤 부분을 더 집중적으로 보강했는지 등을 말해보는 거죠.

Before 기본에 충실한 결과, 이와 같은 실적을 이뤄냈습니다.

After 당연히 지켜야 하지만 현장에서 지켜지지 않았던 기본수칙 중 안전과 직결되는 이슈를 뽑아 집중적으로 개선하기 위해 노력했습니다. 그 결과, 이와 같은 실적을 이뤄냈습니다.

Before　유관부서들과의 유기적인 소통이 있어 가능했습니다.

After　문제가 생길 때마다 모든 팀의 리더들이 직접 만나 문제의 원인이 무엇인지 파악하고, 해결책을 찾을 때까지 끝장토론을 진행했습니다. 실무자들이 회의를 하고 보고서를 만들어 상사에게 보고하고 의사결정을 받는 대신, 리더들이 직접 회의하며 그 자리에서 의사결정을 바로 내리니 일의 추진속도가 빨라졌습니다.

자신이 느끼기에는 누구나 하는 일이고, 그것이 당연한 일이라고 생각되는 부분이 분명 실적을 달성한 비결일 수 있어요. 하지만 여기서 누구나 하는 일과 당연한 일을 남들보다 더 잘하기 위해 노력한 부분이 있을 수 있겠죠. 그러니 자신이 한 일을 너무 당연한 일이라며 별것 아닌 것으로 치부하지 말고 당연한 일들이 무엇이었는지를 상세하게 펼쳐서 이야기해 보세요. 어쩌면 상사가 당연히 알고 있고, 동료들이 늘 하고 있던 일이라고 생각했던 일이 나만의 경쟁력이었을 수 있으니까요.

팩트를 임팩트로 만드는 말습관

1. **같은 말도 다르게 표현하기**

   Fact에 동사형 명사를 더해 주면 의미가 명확해지고, 수식어를 더해 주면 가치가 돋보여요. 동사형 명사와 수식어를 사용해 우리의 일을 더욱 존재감 있게 보여주세요.

2. **비교우위 말하기**

   단순히 수치만으로는 그 가치를 알 수 없어요. 비교우위를 제시해 줘야만 '와우'라는 반응을 이끌어 낼 수 있어요.

3. **비결을 구체적으로 말하기**

   "그냥 열심히 했어요" 말고, 어떻게 열심히 한 건지 최대한 구체적으로 말해 주세요. 살을 붙여서 구체적으로 말해야 '아, 저렇게까지 열심히 했구나'를 알 수 있답니다.

05

돌발질문에 머리가 하얘져요

순발력을 키우는 말습관

상사는 늘 우리가 예상하지 못했던 질문을 던져요. 충분히 준비했다고 생각해도 늘 허를 찔리고 말죠. 그 순간 우리는 당황해서 말문이 막혀버려요. 이때 "아 … 그게 아직 잘 …" 또는 "아, 잠시만요 …"라고 대답하는 순간 상사는 우리의 보고를 의심하죠. '이거 제대로 준비한 거 맞아?' 싶은 거죠. 특히 상사의 의구심 가득한 눈빛은 우리를 더욱 긴장하게 만들어요. 긴장 탓에 아는 것도 제대로 대답을 못하게 되죠.

우리의 보고가 전반전이라면 상사의 질문은 후반전이에요. 보고는 내가 준비한 말을 한다고 끝이 아니에요. 보고가 아무리 좋았어도, 질문에 제대로 대답을 못하면 상사는 보고를 신뢰하지 않아요. 반대로 혹 들어온 상사의 질문에 대답을 잘하기만 해도 상사는 '이 친구가 준비를 좀 했네'라고 생각할 겁니다. 신뢰의 첫걸음이죠.

그런데 갑작스러운 질문에 꼭 필요한 답을 찾아내는 건 상당히 어려워요. 저도 '어떻게 해야 상사의 돌발질문에 순발력 있게 잘 대처할 수 있을까?' 늘 고민이 많았어요. 상사가 어떤 질문을 해도 당황하지 않고 조근조근 설명하는 선배들을 보면 참으로 부럽고 그 방법이 궁금했어요. 저런 능력은 타고나는 건가 싶었죠.

그 답은 바로 '준비'에 있었어요. 결국 많은 준비를 통해 상사가 어떤 부분을 궁금해할지 미리 파악하는 것은 물론 관련 내용까지 완벽하게 이해하고 있어야 해요. 그래야만 순간순간 달라지는 상황 속에서 당황하지 않고 적절한 답을 찾아낼 수 있어요. 그러니 상사의 질문에 막힘없이 대답하고 싶다면 미리 예상질문을 도출해 보고, 그 질문에 답해 보며, 보고할 내용을 더 깊이 있게 준비해 보는 것이 필요해요.

그럼, 어떻게 하면 제대로 된 예상질문을 만들어 돌발상황에 대처할 수 있는지 알아볼게요.

자신의 말에 딴지 걸기

스스로 논쟁해 보세요. 자신이 세상 누구보다 가장 까칠한 상사가 되어 자신의 보고서를 지적해 보는 겁니다. '이게 맞아?'라고 날카롭게 질문해 보고, 그것에 반박해 보면서 갑론을박 해보는 거죠. 이렇게 반론을 예상하고, 그것에 대한 반박을 해보는 것만으로도 자신의 보고를 듣고 상사가 어떤 질문을 던질 것인지 예상해 볼 수 있습니다. 이 과정을 통해 숙성된 생각은 돌발질문에 대처할 수 있는 훌륭한 재료가 됩니다.

예상질문을 만드는 방법으로 5-depth 질문법을 사용하면 좋습니다. 예를 들어 '조직문화 개선안'을 보고한다고 해볼게요.

5-depth 질문법 예시

지금부터 조직문화 개선안을 말씀드리겠습니다.

1-depth 조직문화를 왜 개선해야 하는데?

→ 현재의 조직문화는 '톱다운' 형식이기 때문에 임직원 참여형 조직문화로의 변화가 필요합니다.

2-depth 톱다운 조직문화면 안 돼?

→ 기존 톱다운 문화는 임직원의 공감을 끌어내지 못해, 변화를 어렵게 합니다.

3-depth **임직원들이 참여하면 뭐가 달라?**

→ 임직원들이 변화를 이끌어가는 주체가 된다면 변화의 속도가 빨라질 것입니다.

4-depth **그래서 뭘 할 건데?**

→ 그래서 저희는 '이런' 활동들을 하겠습니다.

5-depth **그러면 회사에 뭐가 좋은데?**

→ 궁극적으로 '이러한' 것을 이루어 내겠습니다.

이렇게 철저히 준비했는데도 답변할 수 없는 질문이 있을 수 있어요. 이때 그 상황을 모면하기 위해 얼버무리거나 확실하지 않은 내용을 보고하면 안 돼요. 상사가 우리의 잘못된 답변으로 잘못된 의사결정을 내려서는 안 되기 때문이죠. 이럴 때는 "바로 확인해 보겠습니다"라고 대답한 후, 정확한 정보를 파악해 다시 보고해야 합니다.

순발력을 키우는 말습관 ❷
상사의 예상질문 수집하기

상사맞춤형 질문을 만들어 내기 위해서는 평소에 데이터를 많이 모아두면 좋아요. 평소 보고를 할 때 상사가 많이 하는 질문이 무엇인지 잘 정리해 보고 분석해 보는 거죠. 상사의 성향에 따라 중요하게 생각하는 포인트가 다른데, 평소 상사의 질문을 잘 복기해 보면 상사의 성향을 파악하기가 한결 수월해집니다. 그러면 다음에 상사가 어떤 질문을 할지 충분히 유추해 볼 수도 있겠죠. 그러니 회의에서 상사가 했던 질문을 기록해 두고, 다음 보고 때 활용해 보세요

> **지난 보고 때 어떤 질문을 받았나요?**
>
> - 이거 언제까지 할 수 있어?
> - 지금 어디까지 진행했어?
> - 유관 부서에서 검토받았어?

상사의 예상질문 리스트를 만들 때 역할을 바꿔 보는 것도 도움이 됩니다. 내가 같은 일을 후배에게 시킨다면 과연 어떤 질문을 하게 될지 상상해 보는 거죠. 대답하는 사람에서 질문하는 사람으로 역할을 바꾸면 사안을 바라보는 관점이 달라지면서 상사가 어떤 질문을 하게 될지 쉽게 유추해 볼 수 있을 거예요.

상사의 상사 되어 보기

상사는 여러분이 만든 보고서를 가지고 임원에게 보고를 들어가죠. 그때 상사를 불안하게 만드는 요소는 무엇일까요? 임원이 의심을 품고 지적할 만한 부분이 어디냐는 거죠. 그 '의심'의 지점을 상사에게 질문할 것이고, 그 질문을 상사가 여러분에게 던질 테니까요. 결국 상사가 우리에게 질문하는 것은 자신이 임원에게 받을 질문을 미리 확인하는 거예요.

그럼, 임원들은 어떤 질문을 주로 할까요? 임원들은 실무자가 생각하는 것보다 근본적인 질문을 던져요. 그래서 더욱 당황스럽죠. 이런 상황에 대비하기 위해서는 일을 추진하는 이유와 명분에 대해 생각해 볼 필요가 있어요. 또한 회사 차원의 크고 넓은 관점에서 질문을 도출해 보는 것도 좋습니다.

<blockquote>
임원은 우리 팀장님에게 어떤 질문을 할까요?

• 그래서 키워드가 뭐야?

• 이걸 왜 하려고 하는 거야?(근본적인 이유 및 배경)

• 다른 회사는 어떻게 하고 있어?
</blockquote>

순발력을 키우는 말습관

1. **자신의 말에 딴지 걸기**

   자신의 보고서를 보고 5단계의 질문을 던져보세요. 보고하는 사안에 대해 다각도로 시야를 넓힐 수 있어요.

2. **상사의 예상질문 수집하기**

   평소 상사가 자주 하는 질문을 모아보세요. 상사가 업무에 있어 중요하게 생각하는 것은 무엇인지, 어떠한 관점으로 업무를 바라보는지를 파악할 수 있답니다.

3. **상사의 상사 되어 보기**

   우리의 보고는 상사가 할 보고의 밑자료인 경우가 많아요. 상사의 보고를 받을 임원의 관점에서 질문을 도출해 보세요.

일상에서 논리력을 키우는 방법

SPEECH HABIT

어떻게 하면 일상에서 논리력을 키울 수 있을까요? 제가 논리력을 키우기 위해 평소에 자주 훈련하는 방법을 한 번 공개해 볼게요.

저의 경우는 신문을 최대한 활용합니다. 그저 내용만 파악하는 것이 아니라 주제를 강조하기 위해 어떤 표현을 쓰는지, 어떠한 배열로 문장을 배치했는지 분석하면서 보는 편이에요. 이렇게 신문기사를 분석하며 읽다 보면 기자들이 메시지를 전달할 때 어떤 논리구조를 가지고 독자들을 설득하는지 알 수 있어요. 기자들이 사용하는 논리의 패턴을 찾아내서 그것을 우리의 글과 말에 적용하는 훈련을 해보면 우리도 논리적으로 글을 쓰고 말을 잘할 수 있어요.

저는 기사를 볼 때 가장 먼저 메시지의 구조와 배열을 살펴봐요. 특히 첫 문장에서 주제를 어떻게 핵심적으로 전달하는지를 유심히 보는 편이죠. 그리고 두 번째 문장에서 어떤 논리와 기법으로 첫 문장을 지지하는지를 봐요. 만약 사례로 기사를 시작했다면 그 사례를 통해 어떤 현상을 말하려고 하는지, 무엇을 전달하려고

지난달 개최된 세계경제포럼(WEF·다보스포럼) 분위기는 '암울함과 신중함'이었다. 최근 크리스틴 라가르드 국제통화기금(IMF) 총재는 작금의 세계 경제에 무역전쟁, 금융 긴축, 브렉시트(영국의 유럽연합 탈퇴), 중국 경제 둔화라는 4대 먹구름이 끼어 있다고 말했다. 여기에 사상 최저점에 근접한 노동생산성을 어떻게 다시 끌어올릴 것인지, 첨단기술 혁신과 디지털 경제를 어떻게 경제 가치에 담아낼 것인지에 대한 중장기 과제까지 떠안고 있다.

이러한 변화를 누구보다 뼈저리게 느끼는 주체는 단연 기업을 이끄는 경영자들이다. 불확실한 경영 환경 속에서 그들의 고민은 다르면서도 같다. "세상은 빠르게 바뀌고 있는데 우리 조직과 일하는 방식은 옛날 그대로다. 무엇을, 어떻게 바꿔야 하나"다. 이런 고민을 하는 최고경영자들을 위해 몇 가지 혁신 방향을 제시하고자 한다.

다보스포럼에서 제시한 화두를 통해 경영 이슈를 도출 "불확실한 경영환경"

'암울 & 신중'
1. 무역전쟁
2. 금융긴축
3. 브렉시트
4. 중국의 경제 둔화
5. 노동생산성 저하
6. 첨단기술혁신과 디지털 경제

우리 기업의 변화, 혁신이 필요하다

불확실한 경영 환경에서 살아남기 위해 혁신 필요!

기사 출처 : 경영 패러다임의 '창조적 파괴', 매일경제신문, 2019.2.15.

하는지, 우리의 삶에 어떻게 적용이 되는지, 우리 사회에 어떤 변화를 가져올 것인지의 흐름으로 내용이 흘러갈 수 있겠죠. 그 흐름을 파악하다 보면 우리가 '핵심'을 보여주고자 할 때 어떻게 해야 가장 효과적인지를 파악할 수 있어요.

2단계) 기사 내용을 요약 정리해 보세요

기사의 구조와 배열을 통해 핵심 키워드를 찾았다면 각 키워드에 맞게 기사의 내용을 요약 정리해 보세요. 기사를 키워드의 흐름에 맞게 요약 정리하다 보면 그냥 눈으로 읽을 때는 잘 파악되지 않던 말의 방향성과 의미를 더욱 체계적으로 이해할 수 있어요. '기사에서 전달하고 싶은 메시지가 이것이구나!' 하는 맥락이 잡히게 되면 기사의 내용이 더 오랫동안 머릿속에 남게 됩니다.

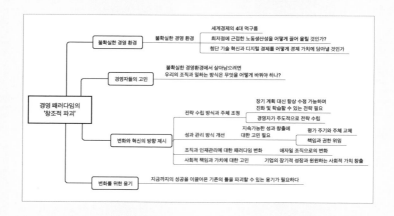

3단계) 기사내용을 정리해 1분 스피치를 해보세요

    기사의 내용 파악과 요약 정리가 끝났다면 이제 그 내용을 1분으로 줄여서 말로 표현해 보세요. 기사의 핵심이 무엇인지, 어떤 전개방식으로 이야기를 펼쳐야 하는지를 알고 있기 때문에 핵심만 일목요연하게 논리적으로 간결하게 전달할 수 있게 됩니다.

실제 신문 기사를 활용한 예시

실제 신문 기사

매일경제

[매경의 창] '고객' 패러다임이 송두리째 바뀌고 있다

기사입력 2020-01-10 00:05

'고객'을 정의하는 패러다임이 송두리째 바뀌고 있다. 지금까지 기업에 고객은 최상의 제품과 서비스를 제공해야 할 대상이었다. 고객에게 차별화된 경험을 제공할 수 있는 '두잇(what)'이 최우선이었다. 그러나 이제 고객들은 '무엇'을 넘어 '어떻게(how)'와 '왜(why)'까지 요구하고 있다. 기업이 내가 소비하는 제품·서비스를 어떻게 생산하는지, 사회·환경적 책임을 다하는지, 목적의식은 어떤지를 중요시하고 이를 소비에 반영한다. 이에 대한 고민과 노력이 부족한 기업은 이윤만을 극대화하려는 존재로 낙인찍힐 수 있다.

이러한 변화는 전 세계 소비자의 64%를 차지하는 밀레니얼 세대(1980~1994년생)와 Z세대(1995년 이후 출생)가 주도하고 있다. 이들은 사회·환경 이슈와 이에 대한 기업의 책임을 중시하는 행동주의(activist) 소비자다. Z세대 10명 중 9명은 기업이 환경·사회적 문제를 해결할 책임이 있다고 생각하며, 밀레니얼의 52%는 제품

종전 고객은 최상의 제품 중시
MZ세대는 '어떻게'와 '왜' 요구
기업의 사회적 책임 더 중시해
ESG 활동이 가치·이익 증가시켜

·서비스 구매 전 배경 정보를 조사한다.

이에 대한 기업의 대응으로 환경·사회·거버넌스(ESG) 활동이 확산되고 있다. 사실 ESG가 기업의 가치 창출이나 수익에 부정적인 영향을 줄 것이라는 편견이 있었다. 그러나 최근 진행된 2000개 이상 기업 분석 결과, ESG에 신경을 쓰는 기업의 63%가 이익률(equity returns) 증가를 경험했다. 현재 지속 가능한 사업에 대한 전 세계 투자 역시 2004년 대비 10배 증가해 30조달러를 넘어섰다.

기업들은 ESG를 통해 고객의 '어떻게'와 '왜'에 대한 요구를 충족시키는 것 외에 매출 성장, 비용 절감, 규제·법적문제 완화, 노동생

산성 증가, 투자 최적화의 효과를 얻을 수 있다. 예를 들어 높은 ESG 평가는 기업에 대한 신뢰를 제고하고 신시장 진출과 기존 시장 확장을 용이하게 한다. 글로벌 생활용품 기업인 유니레버는 주방세제 '선라이트'와 같은 절수 상품을 개발해 물부족 국가에서 전체 카테고리의 비 20% 빠르게 매출을 성장시켰고, 70년 전 정유기업으로 시작한 핀란드 네스테는 현재 매출의 3분의 2 이상을 신재생 연료와도 지속가능한 상품에서 창출하고 있다. 미국 패션 브랜드 리포메이션은 '레프스케일(RefScale)'이라는 자체 시스템으로 각각 상품의 환경적 영향을 계산해 공개한다.

또 ESG는 자원 효율성을 개선해 원자재 비용, 물·탄소 비용 등 운영 비용을 절감해줄 수 있다. 미국 소재 업체 3M은 1975년 환경오염 방지 프로그램인 '3Ps'를 통해 현재까지 제조 방식 효율화, 기계 재설계, 폐기물 재활용 등을 통해 약 22억달러를 절감했다. 세계 최대의 특송회사인 페덱스는 자사의 3만5000대 차량 전체를 전기나 하이브리드 엔진으로 교체하고 있다. 지금까지 20%가 교체됐고, 연료 1억8900만ℓ 이상을 절감했다.

ESG 과제를 추진할 때 유념해야 할 점들이 있다. 첫째, 선택과 집중이다. 5개 과제 이상을 동시에 추진하지 않는 것이 효과적이다. 둘째, 덤위성단으로는 설득력이 부족하기 때문에 ESG를 통해 어떻게 실질적인 가치를 창출할지 보여주는 객관적 수치나 지표가 있으면 효과적이다. 셋째, ESG에 대한 무관심은 리스크로 돌아올 수 있다. 지난 수년간 ESG 관련 사건으로 시가총액이 두 자릿수대 하락률을 보인 기업들이 있었다. 마지막으로, 한번 정했다면 끝까지 입장을 고수해야 한다. 미국 유통사 딕스스포팅구즈는 더 이상 총기 판매를 하지 않겠다고 선언한 뒤, 연간 매출의 약 2%(1500억달러)를 잃었다. 하지만 약 1년 뒤 주가는 오히려 14% 상승했다.

초불확실성의 새해가 밝았다. 예나 지금이나 '고객은 왕'이고 변화의 중심에 있다. 그러나 이들은 '어떻게'와 '왜'까지 챙기는 행동주의 자들이 됐다. 경영자는 무엇을 해야 하는가? 단서는 바로 조직 내부에 있는 젊은 구성원들과 신입사원이 쥐고 있다. 이들은 밀레니얼·Z세대가 기업에 무엇을 기대하는지 누구보다 잘 알기 때문이다.

기사 자세히 보기

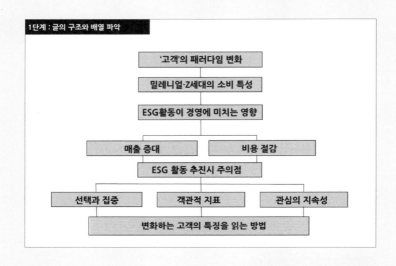

1단계 : 글의 구조와 배열 파악

'고객'의 패러다임 변화

밀레니얼·Z세대의 소비 특성

ESG활동이 경영에 미치는 영향

매출 증대 | 비용 절감

ESG 활동 추진시 주의점

선택과 집중 | 객관적 지표 | 관심의 지속성

변화하는 고객의 특징을 읽는 방법

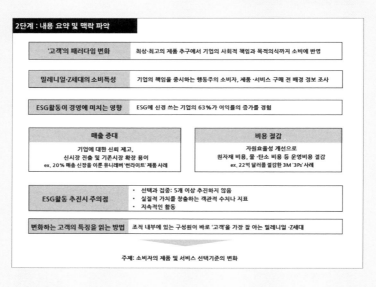

2단계 : 내용 요약 및 맥락 파악

| '고객'의 패러다임 변화 | 최상·최고의 제품 추구에서 기업의 사회적 책임과 목적의식까지 소비에 반영 |

| 밀레니얼·Z세대의 소비특성 | 기업의 책임을 중시하는 행동주의 소비자, 제품·서비스 구매 전 배경 정보 조사 |

| ESG활동이 경영에 미치는 영향 | ESG에 신경 쓰는 기업의 63%가 이익률의 증가를 경험 |

매출 증대	**비용 절감**
기업에 대한 신뢰 제고, 신시장 진출 및 기존시장 확장 용이 ex. 20% 매출 신장을 이룬 유니레버 '썬라이트' 제품 사례	자원효율성 개선으로 원자재 비용, 물·탄소 비용 등 운영비용 절감 ex. 22억 달러를 절감한 3M '3Ps' 사례

| ESG활동 추진시 주의점 | • 선택과 집중: 5개 이상 추진하지 않음
• 실질적 가치를 창출하는 객관적 수치나 지표
• 지속적인 활동 |

| 변화하는 고객의 특징을 읽는 방법 | 조직 내부에 있는 구성원이 바로 '고객'을 가장 잘 아는 밀레니얼·Z세대 |

주제: 소비자의 제품 및 서비스 선택기준의 변화

최근 소비자가 제품이나 서비스를 선택하는 기준이 달라지고 있습니다. 기존에는 고객들이 최상·최고의 제품을 추구했다면, 최근에는 기업의 사회적 책임과 목적의식까지 소비에 반영하고 있습니다.

이러한 변화를 주도하는 것은 전 세계 소비자의 64%를 차지하는 밀레니얼과 Z세대입니다. 이들은 사회·환경 이슈와 이에 대한 기업의 책임을 중시하는 행동주의 소비자입니다.

이에 기업들도 ESG, 즉 환경, 사회, 거버넌스 활동을 확산하고 있습니다. 이런 활동들은 실제 기업의 매출에 직접적인 영향을 끼치고 있습니다. ESG 평가가 높으면 기업에 대한 신뢰를 높이고 새로운 시장에 진출과 기존시장 확장이 용이합니다. 실제 유니레버는 선라이트 같은 절수 상품으로 물부족 국가에서 전체 카테고리 대비 20% 매출을 성장시켰습니다. 원가도 절감됩니다. 자원 효율성이 개선되기 때문에 원자재 비용, 물·탄소 비용 등의 운영비용을 줄일 수 있습니다. 실제 3M은 환경오염방지프로그램 '3Ps'를 진행하며 22억달러를 절감했습니다.

ESG를 진행할 때 주의할 점도 있습니다. 선택과 집중을 통해 5개 이상 추진하지 않는 것이 좋습니다. 또한 실질적 가치를 창출하는 객관적 수치나 지표로 명분을 살려야 합니다. 그리고 일시적인 활동이 아닌 지속적인 활동을 통해 진정성을 보여줘야 합니다.

일상 속에서 논리적으로 말하는 훈련을 하고 싶다면 신문기사의 문장 구성을 분석해 보고, 그것을 키워드로 정리한 후 그 키워드만 보고 1분으로 요약해 말해 보세요. 이 과정이 익숙해지면 일상 속에서도 핵심을 간결하고 일목요연하게 말하는 것은 물론, 키워드만 보고도 막힘없이 이야기를 할 수 있는 힘도 만들어 낼 수 있답니다.

영상으로 자세히 보기

Chapter **3**

·····················

상황을 파악하면
일센스가 생겨요

보고에도
TPO가 필요해요
절묘한 타이밍을 찾아내는 말습관

최근 많은 기업들이 유연한 조직문화를 추구하며 '자율복장제'를 도입하고 있죠. 이제는 비즈니스 캐주얼을 넘어 '완전 자율화'를 시행하는 회사들도 하나둘 생겨나고 있습니다. 하지만 새롭게 도입된 제도에는 늘 '논란'이 존재하듯, 자율복장도 어느 선까지 자율을 인정해 줄 것이냐를 놓고 의견이 갈리고 있어요.

그래서 회사에서는 옷은 편하게 입어도 되지만 가급적 'TPO'를 고려해 달라고 주문합니다. TPO는 시간Time, 장소Place, 상황Occasion의 앞 글자를 딴 말인데, 쉽게 말해 때와 장소에 맞게 입어달라는 거죠.

그런데 회사에서 TPO에 맞춰야 할 것은 옷차림뿐만이 아닙니다. 상사와의 '말하기'에서도 TPO가 필요합니다. 아무리 자율복장이라고 해도 상황에 맞게 옷을 입어야 하는 것처럼 회사의 말도 하고 싶은 말을 아무 때나 하는 것이 아니라 '상황에 맞게' 해야 하기 때문이죠.

상황에 맞게 눈치껏 말을 하기 위해서는 상사가 지금 어떤 상황에 놓여 있는지를 먼저 파악해야 하는데, 이때 TPO를 활용해 보는 겁니다. 상사가 시간적으로 여유가 있는지, 어떤 장소에서 말하는 것이 효과적인지, 상사의 기분이나 감정 등이 보고를 하기에 적절한 때인지를 살펴봐야 하는 거죠.

- T(Time) 상사가 내 말을 들을 시간적 여유가 있는가?
- P(Place) 어떤 장소(규모)에서 말하는 것이 효과적인가?
- O(Occasion) 상사에게 보고하기에 적절한 상황인가?

이처럼 TPO를 통해 효과적으로 보고할 수 있는 최적의 상황을 찾는다면 우리의 메시지가 한층 효과적으로 전달될 수 있겠죠. 그럼, 이제 TPO를 우리 업무에서 어떻게 활용할 수 있을지 같이 알아볼게요.

상사의 시간 배려하기

최적의 보고 상황을 찾아내기 위해 고려해야 할 첫 번째는 시간 Time 입니다. 여기서 시간은 '물리적' 시간뿐만 아니라 심리적 여유까지 포함합니다. '상사가 지금 우리의 말을 들을 시간과 여유가 있느냐'이죠. 상사가 시간적·심리적 여유가 있어야 우리의 말에 집중할 수 있을 테니까요.

우리는 평소 상사의 '시간'에는 크게 관심이 없어요. 상사가 지금 숨 가쁘게 처리할 일이 있는지, 급하게 임원 보고를 올라가야 하는 상황인지, 퇴근시간이 임박했는지 중요하게 생각하지 않아요. 우리 머릿속에는 오로지 우리가 해야 할 말로만 가득 차 있다 보니 상사의 시간을 배려하지 않고 막무가내로 상사 앞에 가서 우리가 할 말을 쏟아냅니다. 그 말을 듣는 상사는 우리의 메시지에 집중하기보다 '이 말을 꼭 지금 해야 해?'라는 불쾌한 생각이 들 겁니다.

그래서 앞으로 우리는 바쁜 상사에게 메시지를 잘 전달하고 싶다면 상사의 시간을 배려해야 해요. 평소 상사에게 관심을 가지고 유심히 관찰한다면 상사가 가장 여유롭게 보고받을 수 있는 타이밍을 포착할 수 있을 거예요. 또는 미리 시간을 '예약'하는 것도 좋은 방법이죠. "팀장님, 제가 오늘 보고 드릴 내용이 있는데, 시간을 내주실 수 있을까요? 몇 시쯤이 가장 편하세요?"라고 미리 상사의 시간을 확보하는 거죠. 상사가 우리의 이슈에 관심을 가지게 하면서 우리 말을 들어줄 수 있는 시간까지 확보할 수 있을 거예요.

적절한 장소 선정하기

상사를 설득할 때는 '장소Place'도 중요한 역할을 합니다. 우리가 하려는 보고의 내용이 어떠하냐에 따라 팀 회의와 같이 공개적인 장소에서 이야기할 것인지, 소회의실에서 1:1로 이야기할 것인지를 생각해 보는 거죠. 즉, 내용에 맞는 장소를 선택해야 한다는 거예요.

그럼, 어떤 이야기를 할 때 어떤 장소를 선택하는 것이 좋을까요? 사람들 앞에서 공개적으로 했을 때 좋을 이야기는 '긍정적 이슈'일 때입니다. 실적이 좋다거나 일이 잘 추진되고 있다는 좋은 소식은 공개적인 자리에서 함께 나누면 더욱 기분이 좋아지는 이야기들이죠.

그런데 만약 상사의 의견에 반박을 해야 하는 상황이라면 어떨까요? 공개적인 회의에서 상사의 의견에 반박을 한다면 상사는 자신의 권위에 도전을 한다고 느낄 거예요. 이런 상황이라면 밀폐된 작은 회의실에서 1:1로 조용히 이야기를 나누는 것이 좋겠지요. 또 공식적인 자리에서는 흔쾌히 지지해 줄 수 없는 사안에 대해 상사의 의사결정이 필요할 때에도 따로 조용히 이야기를 나누는 것이 효과적입니다.

경우에 따라 꼭 사무실이 아니어도 좋아요. 점심을 먹을 때나 차를 마실 때 또는 이동을 하면서 이야기를 나눌 수도 있겠죠. 이럴 때는 오히려 더 캐주얼하게 다양한 이야기를 나누며 추후 보고할 내용에 대한 의견을 나눌 수도 있어요. 그러니 상사에게 보고를 하기 전에 어떤 장소에서, 어떻게 전달해야 우리의 메시지가 가장 적절하게 전달될 수 있을지를 고민해 보고, 가장 적당한 장소를 찾아보세요.

절묘한 타이밍을 찾아내는 말습관 ❸
상사의 감정 헤아리기

보고를 잘하기 위해서는 내 말을 들어줄 상사가 지금 어떤 상황Occasion에 놓여 있는지도 잘 체크해야 합니다. 예를 들어 상사가 임원에게 호되게 질책을 받고 돌아왔다면 최악의 타이밍이겠죠. 이때는 무슨 일이 있어도 보고를 피해야 합니다.

상사가 감정을 추스릴 시간도 주지 않고 내 상황이 급하다고 무작정 보고를 하러 갔다가는 미처 정리되지 않은 부정적 감정의 찌꺼기를 모두 받아내야 하는 처참한 순간을 맞이할 수도 있어요. 이런 참사를 막으려면 보고를 하기 전 반드시 상사의 기분을 잘 살펴야 합니다. 상사의 기분에 따라 보고의 결과가 판이하게 달라질 수 있기 때문이죠.

실제로 상사의 감정 상태는 의사결정에 상당한 영향을 끼칩니다. 같은 단어를 들려줘도 상사가 긍정적 상황에 있는지, 부정적 상황에 있는지에 따라 추후 떠올리는 단어의 종류가 판이하게 다르다고 합니다. 기분이 좋을 때는 긍정적 단어를 많이 기억하지만, 기분이 나쁠 때는 부정적 단어만 머릿속에 남는다고 해요. 그러니 아무리 심혈을 기울여 작성한 보고서라도 상사의 기분이 나쁠 때 보고를 하게 되면 상사의 머릿속에서는 부정적 단어만 남게 되는 거죠.

보고를 할 때 상사가 우리의 말에 귀 기울여 주기를 원한다면 상사가 처한 상황과 감정을 잘 살펴보세요. 상사의 입장에서 메시지 전달을 방해하지 않는 최적의 보고 타이밍을 찾는다면 우리의 메시지도 충분히 잘 전달될 수 있을 거예요.

절묘한 타이밍을 찾아내는 말습관

1. 상사의 시간 배려하기

우리가 하고 싶은 말만 생각하기보다, 상사가 언제 가장 시간적·심리적으로 여유가 있는지 관찰하여 최적의 보고 타이밍을 찾아보세요.

2. 적절한 장소 선정하기

같은 말도 어떤 상황, 어떤 장소에서 하느냐에 따라 다르게 느껴집니다. 우리의 메시지가 가장 효과적으로 전달될 수 있는 상황과 장소를 고민해 보세요.

3. 상사의 감정 헤아리기

상사도 기분과 감정에 좌우되는 사람이라는 것을 꼭 기억하고, 보고를 하기 전에는 꼭 상사의 기분을 살펴보세요. 그래야 성공적인 보고가 가능합니다.

시키신 일이 아니라고요?

상사의 의중을 파악하는 말습관

일을 할 때 상사의 의중을 파악하는 것은 필수죠. 일을 하는 목적이 무엇인지, 구체적으로 무엇이 필요한지를 알고 나면 일의 방향성이 명확해지기 때문입니다. 시간 낭비 없이 효율적으로 일을 할 수 있게 되는 거예요. 하지만 상사의 의중을 파악하는 것이 쉽지만은 않아요. 만약 우리가 "이 일을 왜 해야 하나요?"라고 물어보면 "하라면 그냥 하지! 내가 왜 해야 하는지 설득까지 해야 해?"라는 답변이 돌아올 거예요.

아직까지 우리 조직문화에서 "이 일을 왜 해야 하는데요?"는 불편한 질문입니다. '말대답'으로 여겨지기 때문이죠. 그렇다 보니 우리는 상사가 아무리 모호한 지시를 해도 '질문'하지 못해요. 괜히 질문했다가 "시키면 시키는 대로 해!" 또는 "이런 거 하나 알아서 못해?"라는 핀잔과 함께 건방지고 무능하다는 평가를 받으니 차라리 입을 다무는 쪽을 선택하죠.

결국 상사의 의중을 파악하는 것은 '눈치'의 영역이 돼버려요. 그리고 이렇게 일의 목적도 모른 채 '눈치껏' 추측과 짐작으로 완성한 결과물은 "내가 시킨 건 이게 아닌데!"라는 피드백과 함께 수없이 많은 수정을 해야 하는 운명에 처합니다. 우리 PC에는 버전 1, 버전 2, 최종, 진짜최종이라는 이름을 가진 파일들이 차곡차곡 쌓이게 되죠. 참 비효율적인 상황입니다. 애초에 명확하게 지시해 준다면 시간과 노력을 낭비하지 않았을 텐데요.

여기서 우리가 간과하고 있는 것은 상사도 자신이 알고 있는 것을 명확하게 구체적으로 말로 잘 전달하지 못한다는 겁니다. 그런가 하면 자신도 무엇을 지시해야 할지 구체적으로 모르는 경우도 있어요. 그러니 상사가 명확한 답을 줄 거라고 기대하며 상사를 과대평가하는 것은 문제해결에 도움이 되지 않아요.

그럼, 어떻게 해야 상사의 모호한 생각을 구체화시키고, 함께 방향을 만들어 갈 수 있을까요?

따라 하고, 다시 물어보기

상사에게 업무지시를 받았을 때는 자신이 잘 이해했는지 꼭 확인해 보는 것이 좋아요. 이때 좋은 확인 방법은 상사의 말을 똑같이 반복하여 다시 물어보는 겁니다. 만약 상사가 경쟁사 동향을 파악해 오라고 지시했다면 "네. 경쟁사 동향을 파악해 오라는 말씀이시죠?"라며 상사의 말을 그대로 미러링하여 질문형으로 만들어 보는 거예요. 그러면 상사는 "그래, A기업과 B기업을 특히 중점적으로!"라고 추가적으로 지시할 수 있어요. 그러면 "네. A와 B를 우선 중점적으로 동향을 파악해 보겠습니다!"라고 지시내용을 더욱 구체화 할 수 있어요.

여기서 한 단계 더 들어가 볼까요? 상사의 말을 반복하며 되물을 때 자신의 관점을 더해 보는 겁니다. 상사가 "경쟁사 동향을 파악해 와!"라고 한다면 "올 1분기 동향을 파악해 볼까요?"라고 조금 더 구체적인 방법을 제시해 보는 거예요. 그러면 상사가 "1분기는 너무 짧으니 상반기의 전반적인 상황을 파악해 봐!"라고 가이드라인을 조금 더 명확하게 제시해 줄 수 있습니다.

이렇게 상사의 말을 반복하고 되묻는 것은 상사가 좀 더 구체적이고 깊이 있게 생각할 수 있도록 돕는 과정입니다. 상사도 애초 지시할 때부터 모든 계획이 명확한 것은 아닙니다. 일이 추진되는 과정을 보며 생각을 발전시켜 나가게 되는 거지요. 그러니 애초에 상사와 함께 업무의 방향을 잡아간다면 불필요한 업무를 상당히 줄일 수 있습니다.

상사의 의중을 파악하는 말습관 ❷
동료의 보고를 벤치마킹하기

다른 동료의 보고를 관찰하며 상사의 의중을 파악하는 것도 효과적인 방법이에요. 동료의 보고를 벤치마킹하면 상사가 일을 지시한 목적과 조직이 추구하는 방향을 빠르게 파악할 수 있어요.

이때 중요한 것은 동료의 보고에서 장점과 단점을 분석해 한층 개선된 방법을 찾아내는 거예요. 만약 동료가 보고를 하는데 상사가 "이런 건 참 괜찮네"라고 했다면, 그 포인트가 무엇인지 분석해 보는 거예요. 반대로 "지금 상황에서 이런 걸 보고라고 하는 거야?"라고 했다면 지금이 어떤 상황인지, 이 상황에서 상사가 원하는 것은 무엇인지를 파악해 보는 거죠. 이렇게 상사가 현재 가장 중요하게 생각하는 것은 무엇인지, 상사는 어떠한 관점에서 업무를 바라보고 있는지를 파악한다면 상사의 의중을 알아내는 것은 크게 어렵지 않아요.

이러한 벤치마킹 과정이 없다면 동료와 똑같은 실수를 반복하거나 상사가 중요하게 생각하는 포인트를 미처 파악하지 못해요. 그러면 상사는 "내가 도대체 이걸 몇 번이나 말해야 해!"라며 질책할 거예요. "아, 진짜 팀에 도움이 안 되네"라는 말을 듣게 될 수도 있어요. 눈치 없는 사람으로 전락하는 거죠.

그러니 동료가 보고할 때 무심하게 지나치지 말고, 상사가 어떤 피드백을 하는지 귀 기울여 들어보세요. 그리고 피드백의 내용을 분석해 상사의 의중을 명확하게 파악한 후 상사를 공략할 수 있는 전략을 세워보세요. 때로는 눈치가 논리보다 중요할 때가 있답니다.

상사의 의중을 파악하는 말습관 ❸
중간중간, 자주자주 보고하기

중간중간 우리가 하고 있는 일의 진행상황을 공유하는 것도 좋은 방법이에요. 일이 제대로 추진되고 있는지 상사에게 미리 확인해 볼 수 있기 때문이죠. 하지만 우리는 대부분 중간 보고를 껄끄러워 해요. 괜히 말을 꺼냈다가 방향이 틀어지지는 않을지, 더 많은 일을 떠안게 되는 것은 아닐지 우려가 되기 때문이에요. 그래서 최종보고를 할 때까지 혼자 꽁꽁 싸매고 있는 경우가 많아요.

그런데 문제는 그 결과물의 방향이 잘못되었을 경우에요. 초반이라면 수정이 쉽지만, 이미 다 완성된 결과물을 뒤집는 작업은 결코 만만한 일이 아니니까요. 그렇기 때문에 일을 진행하는 중간중간 상사와 커뮤니케이션을 하면서 자신이 하고 있는 일이 상사가 생각하는 방향으로 제대로 가고 있는지를 확인하는 것은 필수에요.

중간보고를 하면 좋은 점이 또 있어요. 우리가 하고 있는 일에 계속 관심을 갖게 할 수 있다는 거예요. 사실 상사가 우리한 명 한 명과의 대화를 정확히 기억한다는 것은 불가능한 일이죠. 그렇기 때문에 본인이 한 지시나 피드백도 시간이 지나면 기억하지 못하는 경우가 있어요. 분명 상사의 지시대로 했는데 질책을 당하는 일도 꽤 있죠. 또는 중간에 상사의 생각이 바뀌면 전혀 다른 방향으로 업무를 다시 지시하기도 해요.

그러니 상사의 머릿속에서 우리와 함께한 대화가 사라지기 전에 일이 진행되는 과정을 꾸준히 공유하며 상기시켜 주세요. 상사도 자신이 지시한 내용을 기억할 수 있고, 우리가 현재 어떤 일을 하고 있는지도 명확히 각인시킬 수 있는 좋은 방법이 될 거예요

상사의 의중을 파악하는 말습관

1. 따라 하고, 다시 물어보기

상사의 말을 그대로 반복하며, 그것을 질문형으로 바꿔보세요. 자신이 한 말을 귀로 들어보며 생각을 더 깊이 있고 체계적으로 발전시킬 수 있습니다.

2. 동료의 보고를 벤치마킹하기

동료가 보고할 때 상사가 어떤 부분을 지적하는지 살펴보세요. 상사가 중요하게 생각하는 점을 파악해 나의 보고에 반영할 수 있어요.

3. 중간중간, 자주자주 보고하기

상사와 최대한 자주 대화하면서 일의 방향을 맞춰가면 최종보고에서 틀어질 일이 거의 없어요. 그러니 지시를 수행하는 중간중간, 자주자주 상사와 대화해 보세요.

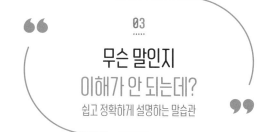

무슨 말인지
이해가 안 되는데?
쉽고 정확하게 설명하는 말습관

"아무리 열심히 설명을 해도 도대체 무슨 말인지 모르겠대
요."

상사에게 보고를 마치고 온 후배가 한숨을 푹 쉬며 말하더
군요. 현업에서 새로운 시스템을 도입해야 하는데, 상사는 그
시스템의 역할은 물론 필요성도 이해하지 못하더라는 거죠.
상사를 설득하려고 다방면으로 애를 써봤지만 결국 새로운 시
스템 도입은 없던 일이 되었답니다. 너무 답답했던 후배가 결
국 한마디 하더군요.

"어떻게 팀장이라는 사람이 그걸 이해를 못하죠? 우리보다

더 잘 알아야 하는 거 아니에요?"

아닙니다. 상사도 잘 모를 수 있어요. 흔히들 상사는 내가 하는 모든 업무를 세세하게 잘 알고 있을 거라고 생각하지만 착각이에요. 세부적인 업무는 실무자가 가장 잘 알아요. 우리는 이 부분을 간과하고 있는 거예요.

상사는 각 부문의 실무자만큼 사안을 파악하기에는 해당 분야에 대한 전문성과 시간이 부족해요. 그래서 '업무파악'을 하기 위해 우리에게 '보고'를 받는 거고, 상사가 업무내용을 잘 파악할 수 있도록 쉽게 설명하는 것이 보고하는 사람이 갖춰야 할 필수역량인 거죠.

하지만 우리는 상사가 우리 말을 못 알아들을 수 있다는 생각을 미처 하지 못해요. 그래서 상사가 우리 말을 이해하고 있는지는 파악하지 않고 우리의 생각만 일방적으로 전달하게 되고, 상사는 보고의 내용과 의도를 파악하지 못한 채 회의를 마치게 되죠. 그렇다면 이건 상사가 이해를 못하는 것이 아니라 우리의 설명방식에 문제가 있는 거예요.

우리의 보고를 상사가 알아듣게 설명하고 싶다면 우리의 말을 좀 더 쉽고 정확하게 전달할 수 있도록 노력해야 해요.

상사의 경험과 연결하기

상사가 우리 말을 잘 이해하게 하려면 상사의 경험을 이용해 보세요. 사람들은 보통 자신이 경험한 것에 대해서는 감정 시스템이 활성화된다고 해요. 비슷한 경험을 떠올리게 하면 상황을 이해하는 속도와 깊이가 달라진다는 거죠. 경험이 최고의 설득이라고 하는 이유이기도 합니다.

예를 들어 재무팀 출신 상사에게 IT시스템 도입의 필요성을 설명해야 한다고 가정해 볼게요. 아무리 친절하게 설명한다고 해도 기술적인 내용을 단번에 이해시키기는 어려울 거예요. 이때는 상사가 해온 업무 중에서 현재의 상황과 가장 연관성이 있는 업무를 찾아 연결해 보면 좋아요. 상사가 잘 알고 있는 업무와 엮어서 설명하게 되면 더욱 빠르게 해당 내용을 파악할 수 있게 됩니다.

사원 팀장님, 예전에 ERP 담당해 보셨죠?

팀장 그렇지.

사원 ERP를 쓰면 좋은가요?

팀장 당연하지! 회사의 모든 자산을 한눈에 파악할 수 있어서 ….

사원 예. 그렇죠. 저희가 제안 드리는 이 시스템도 ERP와 본질이 같아요. 설비 안전에 대한 내용을 한눈에 파악할 수 있게 자동으로 관리해 줘요.

그런가 하면 상사가 평소 잘 알고 있는 내용과 연결하는 것도 도움이 됩니다. 만약 회사의 채용설명회를 온라인으로 실시간 진행해야 한다고 생각해 볼게요. 상사는 온라인으로 실시간 방송하는 것이 미리 촬영한 동영상을 홈페이지에 업로드하는 것과 무엇이 다른지 물어볼 수 있어요. 이때 우리가 "실시간 방송은 유튜브 실시간 스트리밍 같은 건데요"라고 설명한다면 상사는 더 혼란스러울 수 있어요. 이때는 "팀장님, 예전에 마리텔 보신 적 있으세요? 백종원 씨가 요리하면서 시청자들 댓글을 읽으면서 방송하던 프로그램이요"라고 대화를 끌어가 보세요. 상사가 알고 있는 상황을 활용해 설명하면 순식간에 상사의 머릿속에 구체적인 그림이 그려질 거예요.

쉽고 정확하게 설명하는 말습관 ❷
전문용어를 일상용어로 바꾸기

"홈페이지 SEO 작업을 진행하겠습니다."
"지난 1분기 ARPU는 전년 동기 대비 6% 상승했습니다."

여러분은 SEO, ARPU라는 말을 들어봤나요? 실무자에게는 익숙한 말이지만 누군가에게는 낯선 단어일 수 있어요. 만약 상사가 해당 분야의 실무경력이 없다면 실무자가 하는 말의 의미를 제대로 파악하기 어려울 겁니다. 이런 경우에는 실무에서 사용하는 전문용어를 일상 용어로 바꿔 주세요.

Before 홈페이지 SEO 작업을 진행하겠습니다.

After 포털 사이트에서 우리 홈페이지가 잘 검색될 수 있도록 하겠습니다.

Before 지난 1분기 ARPU는 전년 동기 대비 6% 상승했습니다.

After 지난 1분기 가입자당 평균 매출이 지난해 같은 기간에 비해 6% 상승했습니다.

이처럼 우리가 평소 실무에서 당연하게 쓰는 단어라 할지라도 상사를 배려해 쉽게 표현해 준다면 상사는 우리가 하고자 하는 말의 의도를 더욱 빠르고 정확하게 이해할 수 있을 거예요. 그러니 상사가 당연히 알 것이라고 생각하는 내용도 최대한 쉬운 표현으로 바꿔서 사용해 주세요. 이해가 잘되면 귀와 마음이 열리기 때문에 상사의 호의적인 반응을 이끌어 낼 수 있습니다.

쉽고 정확하게 설명하는 말습관 ❸
명료한 단어 사용하기

노벨경제학상을 수상한 최초의 심리학자 대니얼 카너먼은 "신뢰할 수 있고 지적인 사람으로 대우받고 싶다면 복잡한 단어 대신 간결하고 명료한 단어를 사용하라"고 말했어요. 간결한 단어는 빠르게 내용을 이해시키고, 명료한 단어는 오해 없이 소통할 수 있기 때문이죠. 그런데 간혹 우리는 간결함을 위해 명료함을 희생시키는 경우가 있어요.

김 대리   아삽(ASAP)으로 드레프트(draft) 주세요.

최 대리   네, EOB까지 메일 드리겠습니다.

ASAP, draft, EOB. 이 단어들 참 간결하죠. 하지만 명료함은 떨어집니다. ASAP_{As Soon As Possible}은 '가능한 빨리!'라는 의미인데, 이는 사람마다 생각하는 기준이 다르죠. 누군가에게는 1시간 이내일 수도 있고, 또 누군가는 오늘 중에만 하면 된다고 생각할 수 있을 거예요. draft라는 말은 '초안'을 의미하는데, 과연 어느 단계까지의 업무를 초안으로 볼 수 있는 걸까요? End of Business를 의미하는 EOB도 모호하기는 마찬가지입니다. 공식적인 업무시간이 종료될 때인지, 아니면 본인이 업무를 완수했을 때인지 알기가 어렵죠. 이 용어들은 회사마다 사람마다 다르게 해석할 여지가 있는 애매모호한 단어들입니다.

따라서 해석의 차이에 따른 소통의 오류를 줄이고, 우리가 전달하고자 하는 메시지를 명확하게 이해시키려면 맥락과 조직에 따라 다르게 해석되는 모호한 단어를 최대한 구체적이고 명료한 표현으로 바꿔야 합니다.

김 대리 이번 주 금요일 6시까지 1차 시안을 보내주세요.
최 대리 네, 금요일 오후 6시까지 메일 보내드릴게요.

이처럼 구체적으로 상황을 연상시키는 단어는 뇌를 활성화시켜서 듣는 사람의 동기와 감정을 강하게 자극한다고 해요. 실제 머릿속에서 명확하게 형태를 떠올릴 수 있는 단어를 사용할 때 뇌가 더 빠르게 반응한다는 연구 결과도 있죠. 그러니 상사를 잘 이해시키고 싶다면 모호하고 추상적인 표현 대신 최대한 직관적이고 구체적인 단어를 사용해 보세요.

쉽고 정확하게 설명하는 말습관

1. 상사의 경험과 연결하기

사람은 자신이 경험한 일에 대해서는 더 빠르게 감정을 이입해서 이해할 수 있다고 하니 미리 상사가 어떤 경험을 해왔는지, 어떤 분야에 어느 정도 관심과 지식이 있는지 파악해 우리의 메시지와 연결해 보세요.

2. 전문용어를 일상용어로 바꾸기

어려운 내용을 이해하려고 노력할 때 우리는 스트레스를 받아요. 이럴 때는 이해보다 의심이 많아진다고 합니다. 그러니 상사의 긍정적인 의사결정을 이끌어 내고 싶다면 최대한 쉬운 용어를 사용해 주세요.

3. 명료한 단어 사용하기

모호한 커뮤니케이션은 우리의 의도와는 전혀 다른 결과를 초래하기도 하죠. 우리가 머릿속으로 생각한 것을 정확하게 전달하기 위해서는 최대한 직관적이고 구체적인 단어를 사용해야 합니다.

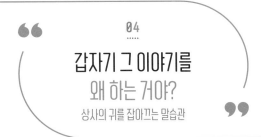

갑자기 그 이야기를
왜 하는 거야?
상사의 귀를 잡아끄는 말습관

사원 "팀장님, 최 과장이 그거 못 받는다는데요."

팀장 '응? 갑자기 이게 무슨 소리지?'

앞뒤 다 자르고 다짜고짜 자기 할 말만 하는 사람들이 있죠. 여러분이 팀장이라면 어떤 생각이 들까요? '어느 팀의 최 과장을 말하는 거야?' '뭘 못 받는다는 거지?' '그런데 왜 지금 나한테 말하는 거야?' 후배가 무턱대고 툭 던진 한마디를 듣고 팀장은 수많은 궁금증이 생겼을 겁니다. 그럼, 이 말을 이렇게 바꿔서 말하면 어떤가요?

"팀장님, 지난번에 A사에 OO자료 요청했던 거 기억나시죠? 아까 A사 최미영 과장에게서 연락이 왔는데, 내부적으로 검토해 본 결과 보안 이슈 때문에 공유가 어렵다고 합니다."

이렇게 선후관계를 차근차근 설명하니 이해도 잘되고, 상대가 하려는 말에도 잘 집중하게 됩니다. 저는 이렇게 단계별로 관심을 고조시키면서 몰입을 끌어내는 방식을 '말의 시퀀스'라고 표현합니다.

시퀀스란 서로 연관된 작은 사건들이 연달아 일어나면서 만들어지는 하나의 서사, 즉 흐름이 있는 이야기를 말합니다. tvN의 〈알쓸신잡 2〉에서 유현준 교수는 "소백산맥의 빽빽한 숲길을 지나, 높고 가파른 108계단을 올라야 마지막에 무량수전을 만날 수 있는 이 서사가 바로 건축의 시퀀스"라고 말합니다. 뜬금없이 무량수전이 우리 눈앞에 나타나는 것이 아니라 소백산맥의 숲길과 계단을 오르며 점점 기대감을 고조시키다 마지막에 짠하고 나타나기 때문에 더 임팩트가 있다는 겁니다. 이처럼 핵심을 더욱 돋보이게 하는 전개방식이 '시퀀스'인 거죠. 우리 말도 핵심이 제대로 돋보이게 하려면 이와 같은 시퀀스를 전략적으로 사용해야 합니다.

그럼, 상사가 호기심을 가지고 우리 말을 잘 들을 수 있도록 우리 말에 시퀀스를 녹여내는 방법을 알아보겠습니다.

시작부터 듣고 싶게 만들기

상사는 우리 말에 처음부터 집중하지 않습니다. 그래서 우리의 말에 호기심을 가지고 귀 기울여 듣게 하려면 엄청난 노력이 필요합니다. 이때 '결론부터 말하라'는 조언을 많이 듣기도 하지만, 사실 서두에서는 정보의 전달보다 주의를 집중시키는 것이 더 중요합니다. 우리 말이 흥미롭게 느껴질 수 있도록 유인책을 쓰는 거죠. 여기서는 '상황 - 문제 - 해결'의 전개 방식을 사용하면 좋습니다. 짜임새 있게 내용을 구성할 수 있어 몰입을 끌어낼 수 있어요. 그럼, 하나하나 살펴볼게요.

우선 '상황'은 우리가 지금 왜 이 주제에 대해 언급하는가를 이해시키는 부분입니다. 일을 추진하는 배경이나 취지에 대해 설명을 하며 본론에 나올 주제가 중요하다는 것에 대한 주의를 집중시키는 역할을 합니다. 이 부분에서 관심이 생겨야만 '어디 한 번 들어볼까?'라는 생각이 들 거예요.

'문제'는 장애물이 무엇인지를 제시하는 부분입니다. 우리가 지금 해야 할 일이 어떠한 문제 때문에 추진이 어려운지에 대한 이야기를 해야만 '그래서 지금 우리가 뭘 해야 하지?'라는 상사의 궁금증과 호기심을 유발할 수 있어요.

이렇게 상황과 문제에서 관심을 유발하고 기대감을 쌓은

후에 진짜 우리가 하고 싶은 말인 '어떻게 할 것인가!'를 임팩트 있게 전달하면 됩니다. 이것이 바로 '해결'입니다.

> 상황 해야 할 일이 있다.
> 문제 장애물은 무엇인가?
> 해결 어떻게 할 것인가?

상황 - 문제 - 해결

> 상황 A사가 운영하는 자사몰의 매출이 지속적으로 증가하고 있습니다. 디지털 마케팅을 통한 충성고객 확보가 주효한 역할을 한 것으로 분석됩니다.
> 문제 우리 회사는 A사에 비해 디지털 마케팅의 역량이 취약하며, 특히 SNS 구독자 수는 A사에 비해 70% 수준입니다.
> 해결 B광고대행사와 계약을 통해 디지털 마케팅의 역량을 강화하여 충성고객을 확보해야 합니다.

이처럼 '상황 - 문제 - 해결'의 순으로 메시지를 전달하면 상사의 관심을 유도하는 것뿐만 아니라 상사가 상황을 제대로 파악하는 데에도 도움을 줍니다. '왜 이 이야기를 들어야 하는가'를 알게 되면 상사는 더욱 진지하게 우리의 말에 집중해 줄 겁니다. 그러니 하고 싶은 말을 단도직입적으로 하기 전에 차근차근 관심을 유도하는 상황을 설명하여 우리의 말을 듣고 싶게 만들어 보세요.

상사에 맞게 순서 바꾸기

단도직입적으로 말하는 것을 싫어하는 상사에게는 '상황 - 문제 - 해결'이 효과적이지만, "아 됐고, 그래서 핵심이 뭔데! 결론부터 말해!"라고 말하는 상사도 분명히 있을 거예요. 사람마다 선호하는 말의 전개방식이 있기 때문이죠.

특히 메시지의 전개가 자신이 생각한 흐름과 맞지 않으면 깊이 몰입하지 못하고 주의가 산만해지기 때문에 상사가 우리 말에 끝까지 집중하게 하려면 상사의 성향에 맞게 말의 구성을 다르게 할 줄도 알아야 합니다. 이렇게 최적의 전개방식을 선택하면 상사의 생각 흐름에 맞게 메시지가 전개되기 때문에 거부감 없이 자연스럽게 몰입할 수 있게 됩니다.

'상황 - 문제 - 해결'의 순서를 바꿀 때마다 느낌이 어떻게 바뀌는지를 먼저 파악해 보고, 상황에 맞게 유연하게 말의 순서를 바꿔 사용해 보세요.

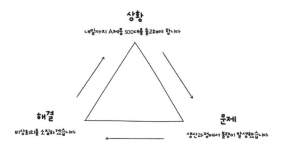

상황 내일까지 A제품 500대를 출고해야 합니다.

문제 생산과정에서 불량이 발생했습니다.

해결 비상회의를 소집하겠습니다.

해결을 먼저 말하는 경우

해결 비상회의를 소집하겠습니다.

상황 내일까지 A제품 500대를 출고해야 합니다.

문제 생산과정에서 불량이 발생했습니다.

문제를 먼저 말하는 경우

문제 A제품 생산과정에서 불량이 발생했습니다.

상황 내일까지 A제품 500대를 출고해야 합니다.

해결 비상회의를 소집하겠습니다.

이처럼 같은 내용이지만 어떤 항목을 먼저 이야기하느냐에 따라 말의 뉘앙스가 달라집니다. 그러니 상사의 성향을 정확하게 파악하여 상황, 문제, 해결 중에서 어떤 정보를 가장 먼저 전달해야 효과적인지 미리 체크해 볼 필요가 있어요.

촘촘하게 메시지 연결하기

우리가 어떤 이야기를 듣다가 궁금한 점이 생겼는데, 그 부분에 대한 설명이 없으면 몹시 답답하죠. 그럼, 순식간에 집중이 흐트러지고 전달하려는 메시지의 임팩트도 사라져요. 상사가 기대감과 호기심을 가지고 우리 말을 듣게 하려면 정보를 촘촘하게 배치하여 궁금증을 바로바로 해소해 주며 확실하게 몰입시킬 필요가 있어요.

예를 들어 상사에게 이렇게 보고를 한다고 가정해 볼게요.

이 말을 들은 상사는 도대체 왜 출고에 문제가 생기는지, 왜 B업체에 재고 문의를 하겠다는 것인지 전혀 납득이 안 될 거예요. 두 메시지 간의 연관성을 파악하기에는 정보가 충분하지 않기 때문에 전체 맥락을 파악하기가 어려운 거죠. 이렇게 되면 상사는 상황을 인지하는데 너무 많은 에너지를 쓰게 되고, 이에 따른 스트레스와 불쾌감 때문에 커뮤니케이션이 원활하게 이루어지지 못해요.

이럴 때는 충분한 정보를 제공해 논리의 빈틈을 촘촘하게 채워야 합니다. 제공할 정보들을 스토리보드 형태로 펼쳐 놓고 정보와 정보가 밀접하게 연결되어 있는지 살펴보세요. 각각의 정보 사이에 연관성이 유추되지 않는다면 충분한 정보를 제공하지 않은 거예요. 따라서 그 빈틈에 추가적인 정보를 끼워 넣어 짜임새 있게 논리를 구성하면 메시지가 연결성 있게 전달되면서 상사가 궁금증이 생길 이유가 없어집니다.

그러니 상사가 우리의 말에 집중하게 하려면 우리의 보고 내용에 누락된 정보가 있는지 꼼꼼히 체크하여 혹시라도 전체 맥락을 놓치지 않도록 친절하게 정보의 징검다리를 연결해야 합니다. 그래야만 우리가 원하는 지점까지 상사의 관심을 놓치지 않고 끌고 갈 수 있습니다.

상사의 귀를 잡아끄는 말습관

1. **시작부터 듣고 싶게 만들기**

   상사가 우리 말에 호기심을 가지고 귀 기울여 듣게 하려면 '상황 - 문제 - 해결'의 전개방식을 사용하면 좋습니다. 짜임새 있게 내용을 구성할 수 있어 몰입을 끌어낼 수 있어요.

2. **상사에 맞게 순서 바꾸기**

   사람마다 선호하는 말의 전개방식이 있기 때문에 상사가 우리 말에 끝까지 집중하게 하려면 상사의 성향에 맞게 말의 구성을 다르게 할 줄도 알아야 합니다. 상황에 맞게 자유자재로 말의 순서를 바꿔 사용해 보세요.

3. **촘촘하게 메시지 연결하기**

   상사가 기대감과 호기심을 가지고 우리의 말을 듣게 하려면 정보를 촘촘하게 배치하여 확실하게 몰입시킬 필요가 있어요. 그래야만 우리가 원하는 지점까지 상사의 관심을 놓치지 않고 끌고 갈 수 있습니다.

TIP

상사가 가장 듣기 싫어하는 말

SPEECH HABIT

회사에서 상사에게 할 말을 다 하면 속이 시원할까요? 당장은 후련할 수 있어요. 어쩐지 권위에 당당히 맞선 느낌도 들죠. 그런데 우리의 말을 들은 상사의 마음은 어떨까요? 의외로 많은 상사들이 후배들의 말에 상처받아요.

우리는 상사를 설득해서 일이 되게 해야 하잖아요. 괜히 상사의 감정을 상하게 해서 적을 만들 필요가 없어요. 현명하게 내가 원하는 것을 얻어내기 위해서는 한 번쯤 하고 싶은 말을 꿀꺽 삼키는 것도 좋은 방법이에요.

간혹 회사에 일하러 왔지 정치하러 왔냐며 할 말을 다 하는 사람들이 있는데, 속은 시원할지 몰라도 상사의 동의가 필요한 결정적인 순간에 그 어떤 지지도 끌어낼 수 없는 경우를 많이 봤어요. 그리고 그때부터 고난이 시작되죠.

그럼, 상사의 협조를 끌어내면서 나의 감정도 보호받기 위해 꾹 참으면 좋은 말들은 무엇이 있을까요?

"문제가 생겼습니다!"

이 말은 별거 아닌 문제도 큰 문제로 만드는 흑주술이에요. 우리가 이 말을 하는 순간 상사의 미간은 한없이 좁아질 거예요. "아, 또 뭔데!"라며 짜증 섞인 말투가 나오겠죠. 이럴 때는 우리의 마음도 함께 쪼그라들게 됩니다.

괜히 흥분해서 '문제가 생겼다'며 보고하기 전에 지금 이 문제가 어느 정도 심각성을 가진 사안인지 판단해 보는 것이 필요해요. 그러기 위해서는 다음 질문에 먼저 답을 해보는 과정을 거치면 좋습니다.

- 해결가능한 일인가?
- 어떻게 해결할 수 있는가?
- 내 선에서 해결이 가능한가?
- 상사가 어떤 도움을 줘야 하는가?
- 진짜 시급한 문제인가?

이 질문에 따라 답을 해본 후, 본인 선에서 해결이 가능한 일이라면 문제를 해결한 후 간략히 현황보고만 해도 됩니다. 그런데 상사의 의사결정이나 도움이 필요한 일이라면 '문제가 생겼다'는 말 대신 해당 이슈에 대해 정확하게 설명을 한 후에 상사가 해줬으면 하는 일을 구체적으로 말해 주세요.

'문제가 생겼습니다!'라는 말은 직접 해결이 불가능하고, 상사의 도움이 필요하며, 시급히 해결해야 하는 일이라는 판단이 섰을 때, 그때만 사용해 주세요.

"그거 안 되는데요!"

이실직고하자면 저도 이 말을 참 많이 썼어요. 실무자 입장에서는 정말 안 되는 일이었거든요. 그런데 이 말을 할 때마다 팀장님은 꼭 이렇게 말했어요. "너는 왜 항상 일을 안 하려고만 해!" 그때는 참 억울했어요. 안 될 것이 뻔히 보여서 미리 말한 것인데 왜 일을 안 한다고 생각하는 걸까요?

그런데 제가 조금 더 영리했다면 일단 "네. 진행해 보겠습니다!"라고 말했을 거예요. 왜냐하면 상사도 사람인지라 후배가 면전에서 "그거 안 되는데요!"라고 거절하면 상처를 받아요. 그때 쿨하게 "아! 그래? 이거 안 되려나?" 하는 상사가 있을까요? 자신의 권위를 부여잡기 위해서라도 더 세고 날카로운 말을 내뱉을 가능성이 높죠.

그럼, 그 피해는 누가 보나요? 바로 나예요. 그래서 나의 멘탈을 보호하기 위해서라도 "그거 안 되는데요!"라는 말 대신 일단 "네. 한 번 알아볼게요!"라고 말하기를 권할게요. "그거 안 되는데요!"라는 말은 정말 될 일인지 안 될 일인지를 확인해 보고 말해도 늦지 않아요.

"하라는 대로 한 건데요!"

일을 하다 보면 분명 상사가 지시한 대로 했는데 상사가 "누가 일을 이따위로 하라고 했어!"라며 화를 내는 아이러니한 순간들이 자주 발생해요. 그런 때는 정말 "하라는 대로 했는데요!"라는 말이 목구멍까지 차올라오죠.

물론 그 말을 입 밖으로 뱉으면 그 순간은 정말 사이다겠죠. 하지만 그 이후는 어떨까요? 아마 따박따박 말대답하는 사람으로 찍힐 거예요. 여러분이 상사라면 그런 사람과 함께 일하고 싶을까요? 그 순간은 속이 시원할 수 있지만 나중에 상사의 동의가 필요한 결정적인 순간에 상사의 지지를 끌어내지 못할 가능성이 큽니다.

이럴 때는 "하라는 대로 한 건데요!"라는 말 대신 "제가 다시 한 번 살펴보겠습니다"라고 이야기하며 상사의 '화'를 누그러뜨린 후에 어떻게 방향을 바꾸면 좋을지 논의해 보세요. 상사의 불합리한 피드백에 흥분하지 않고 침착하게 대응하면 한결 단단하고 믿음직한 사람으로 보여질 수 있습니다.

"아니, 그게 아니라요!"

가끔 흥분해서 자기 말만 늘어놓고는 상사가 못 알아들으면 답답하다는 듯 한숨을 쉬면서 "하… 그게 아니라요!"라고 말하는 경우가 있어요. 그런데 이런 말은 후배가 아니라 동료 또는 지인에게 들어도 기분이 좋을 리가 없죠.

업무 역량이 좋고 나쁘고를 떠나 이건 기본적인 대화의 스킬이랍니다. 우리는 당장 상사를 설득해 일을 추진해야 하는데 괜히 상사의 감정을 건드리는 말을 해서 역효과를 낼 필요가 없지요.

그래서 상사가 내 말을 못 알아들었을 때 어떤 태도를 취할 것인지는 매우 중요해요. "아! 제가 설명이 좀 부족했네요"라며 겸손하게 다시 설명을 이어가는 것이 필요해요. 이건 진짜 죄송해서가 아니라 대화를 이어가기 위한 전략이니까 꼭 기억해 주세요!

영상으로 자세히 보기

Chapter 4

확신 있게 말하면
자신감이 생겨요

01

왜 제 말에만
딴지를 거는 걸까요?
확신을 보여주는 말습관

　회의를 할 때 의견을 말했는데 동료들이 "에이, 그게 되겠어?" "그거 지난번에 했다가 안 된 거잖아!"라며 한마디씩 거드는 경우가 있죠. 그러면 그 순간 머쓱한 감정이 몰려오면서 얼굴이 화끈거립니다. 그런데 내 말에는 딴지를 걸던 팀원들이 다른 동료의 말에는 맞장구를 친다면 어떨까요? 자신이 팀원들 사이에서 영향력이 없는 사람이 된 것 같아 몹시 마음이 쓰릴 거예요.

　"왜 팀원들은 다른 동료의 말에는 공감하고 지지하면서, 제가 한 말에만 딴지를 거는 걸까요? 제 말에 무슨 문제가 있는 걸까요?"

이 질문에 대한 답을 찾기 위해서는 의견을 말하던 그 순간의 감정을 떠올릴 필요가 있어요. 자신의 말에 강력한 확신을 가지고 전달했나요? 아니면 '어차피 받아들여지지 않을 거야' '혹시 바보 같은 생각이라고 하면 어쩌지?'라는 마음에 우물쭈물하며 말을 꺼냈나요?

아마 후자일 가능성이 높죠. 자신의 의견에 확신이 있었다면 동료들의 반박에 반론하고 논쟁하며 자신의 아이디어가 정말 의미 있다는 것을 표현해야 했을 테니까요. 하지만 우리 스스로도 확신이 없었기 때문에 바로 주장을 접었을 확률이 높아요.

말하는 사람이 확신이 없을 때는 다른 사람들도 금방 눈치를 채요. 확신이 없을 때 우리의 무의식은 그것을 다양한 방법으로 표출하거든요. 눈을 마주치지 못한다든지, 손을 산만하게 움직인다든지 하는 거죠. 그러면 상대도 무의식중에 '아! 이 사람 지금 자기 말에 확신이 없구나!' 하고 느끼게 됩니다. 그리고 이렇게 의견을 낸 사람조차도 확신이 없는 메시지를 남들이 신뢰할까요?

남들이 우리 말에 귀를 기울이고 집중할 가치가 있다고 느끼게 하려면 우리가 먼저 '확신'을 보여줘야 해요. 바로 우리의 비언어를 통해서죠. 스스로도 강력하게 설득할 수 있을 만큼 확신이 있을 때 우리의 눈빛은 흔들림이 없고, 제스처도 단호해져요. 그리고 이렇게 확신 있게 말하면 사람들도 귀 기울여 듣습니다. 그럼, 지금부터 우리의 말이 확신 있어 보이게 비언어를 연출하는 방법을 알아볼게요.

확신을 보여주는 말습관 ❶

어깨를 쫙 펴기

오늘 여러분은 어떤 모습으로 상사를 마주했나요? 혹시 테이블에 팔꿈치를 올리고 상체를 앞으로 숙인 채 몸을 웅크리며 말하지는 않았나요? 저는 회의시간에 이런 자세로 앉아있었던 적이 많아요. 아무래도 편한 자세잖아요. 그런데 어느 날 회의시간에 앞에 앉은 두 친구를 보고 그 이후로 자세를 항상 신경쓰게 되었어요.

한 친구는 몸을 움츠리고 있었고, 그 옆의 친구는 어깨를 쫙 펴고 여유로운 자세로 앉아있었어요. 그러다 보니 자연스럽게 어깨를 쫙 편 동료를 보면서 이야기를 하게 되더군요. 어쩐지 어깨를 쫙 펼친 자세로 앉아있는 동료가 일을 더 잘할 것 같다는 생각이 들었어요. 꼿꼿한 허리, 활짝 편 어깨로 '말'을 하는 동료에게서는 활력과 에너지가 느껴졌고, 열정이 넘치는 사람이라고 여겨졌죠. 반면 웅크린 자세로 말하는 동료에게서는 무기력함이 느껴졌어요. 회의를 하는 내내 어쩐지 저도 같이 힘이 빠지는 기분이었어요.

이처럼 상대에게 활기찬 에너지와 자신감을 보여주려면 우리가 그러한 모습으로 자세를 연출할 필요가 있어요. 어깨를 활짝 편 자세는 상대에게 자신감 있어 보이게 하는 것은 물론 나 스스로도 자신감이 높아지는 효과가 있어요.

하버드대학교 경영대학원 에이미 커디 박사의 연구에 따르면, 몸을 크게 펼치는 것만으로도 자신감이 꽤 높아진다고 해요. 그러니 자신이 없고 확신이 안 선다면 우선 허리를 꼿꼿하게 세우고 어깨를 쫙 펴보세요. 놀랍게도 이렇게 자세만 바꿔도 우리의 표정과 말투가 꽤 의기양양해진답니다.

확신을 보여주는 말습관 ❷
눈을 보고 말하기

연인과 헤어질 때 "우리 이제 그만 헤어져!"라고 말하면 상대가 꼭 하는 말이 있죠. "내 눈을 보고 말해 봐!" 눈을 피하면 그건 진실이 아니라고 생각하는 겁니다. 당황할 때는 어떤가요? '동공에 지진 났다'고 표현하잖아요. 이처럼 우리에게 '눈빛'이란 '진실한 마음'을 파악할 수 있는 도구인 거예요. 그렇기 때문에 말을 할 때 상대방과 눈을 마주치는 것은 신뢰를 위해 몹시 중요합니다.

그런데 여러분은 상사의 눈을 보고 말을 하는 편인가요? 그러기는 쉽지 않죠. 대부분 상사의 눈을 보고 말하는 것을 부담스러워해요. 자신이 준비해 간 자료를 보며 읽거나, 책상에 놓인 노트만 열심히 보곤 하죠. 하지만 눈을 보지 않으면 상대의 의중을 파악할 수 없어 원활한 대화가 힘들어요. 몹시 답답해지는 거죠. 더 큰 문제는 고개를 들어 눈을 보고 말하지 않으면 말이 자꾸 어눌해지며 무엇을 숨기려 한다고 느껴지기도 해요. 그러면 상사는 본능적으로 우리의 자료를 더 꼼꼼하게 살펴보게 되겠죠.

상사와 동료를 설득하고 싶다면 이제 눈빛을 통해 우리의 확신을 강력하게 전달해 보세요. 그러려면 시선을 피해서는 안 됩니다. 눈동자가 흔들려서도 안 되죠. 하나의 지점을 정하고 강력하게 시선을 고정해야 합니다. 그래야 눈빛에서 기운이 느껴져요. 혹여 눈을 똑바로 뜨고 대드는 것처럼 느껴질까 걱정된다면 상사의 눈을 계속 보기보다 상사의 눈과 자료를 7:3 정도의 비율로 바라보며 자연스러운 시선을 연출해 보세요.

손을 멈추기

혹시 '손 연기'라는 말 들어봤나요? 우리가 드라마를 보다 보면 검찰에서 취조당하는 사람들이 손을 계속 만지작거리거나 책상 위에 있던 손을 아래로 숨기는 장면들이 나와요. 그러면 우리는 이내 '저 사람이 뭐 숨기는 게 있구나!'라고 생각하죠. 손의 움직임만 보고도 상대의 감정을 읽을 수 있는 것은 손이 무의식중에 우리의 감정에 대한 힌트를 제공하기 때문이에요.

만약 우리가 말을 할 때 손톱을 뜯거나 손으로 머리를 긁거나 얼굴을 계속 만진다거나 목을 감싼다거나 귀를 만지는 행동들을 한다면 '저는 지금 확신이 없습니다'라는 것을 온몸으로 표현하는 거예요. 혼자 흥분해 손을 허우적거리는 행동도 산만하고 초조한 느낌을 동시에 줍니다. 그래서 말을 할 때는 손이 쓸데없는 메시지를 전달하지 않도록 잘 통제해야 해요.

확신 있는 사람의 손을 연출하기 위해서는 손이 머리로, 얼굴로, 목으로 향하지 못하도록 손을 꼭 잡아두는 것이 좋아요. 앉아서 이야기를 하는 상황이라면 두 손을 살포시 모아 무릎 위에 올려두세요. 한 손에 펜을 들고 메모를 하는 것도 좋아요. 이때 다른 한 손은 책상에 딱 붙여주세요. 만약 서서 이야기를 해야 하는 상황이라면 단상에서 손을 떼지 말아주세요.

이렇게 손을 다스리며 말을 하는 모습은 꽤 담담하고 차분한 느낌을 주고, 신중하게 메시지를 전달하고 있다는 이미지도 줄 수 있죠. 듣는 사람도 귀를 기울일 수밖에 없을 겁니다.

확신을 보여주는 말습관

1. **어깨를 쫙 펴기**

   어깨를 쫙 펴고 몸을 최대한 활짝 열어 보세요. 움츠려 있던 마음도 함께 펼쳐지며 자신감이 생겨납니다.

2. **눈을 보고 말하기**

   이제 상대의 시선을 피하지 말고 눈을 마주치며 말해 주세요. 더 당당하고 확신에 찬 모습을 연출할 수 있어요.

3. **손을 멈추기**

   손이 메시지의 전달을 방해하지 않도록 두 손을 안정적으로 위치시켜 주면 한층 차분해 보일 거예요.

02

목소리가 자꾸만
기어들어 가요
속 시원한 목소리를 만드는 말습관

평소에는 활발하고 재미있게 말하는 동료인데, 상사 앞에만 서면 목소리가 작아지는 사람이 있어요. 보고를 할 때는 몹시 수줍어하면서 목소리가 급격하게 작아지고, 심지어 호흡까지 가빠져 하고자 하는 말이 거의 들리지 않아요. 심리적으로 위축이 되면 근육이 수축되면서 깊은 호흡을 방해하기 때문이에요. 이렇게 얕은 호흡을 하면 호흡량이 충분하지 않아 말을 할 때 금방 숨이 차고 목소리도 당연히 작아져요. 공기의 힘(압력)도 부족해지기 때문에 목소리가 힘 있게 입 밖으로 뻗어나가지 못하고 입안에서만 맴돌죠. 우리는 이런 경우에 '목소리가 먹어 들어간다'고 말해요.

이때 많은 사람들은 '큰 소리로 말해야 한다'고 생각하죠. 소리가 작으니까 목소리의 볼륨을 키우면 해결될 거라고 생각하는 거예요. 하지만 이건 볼륨의 문제가 아니라 에너지의 문제에요. 우리의 목소리는 말하는 사람의 에너지를 전달하는 것이고, 이때 에너지를 만들어 내는 것은 상대에게 메시지를 전달하겠다는 강력한 '의도'에요. 그래서 우리에게 필요한 것은 큰 목소리가 아니라 '꼭 전달하겠다'는 마음인 거죠. 볼륨은 마이크로 만들어 낼 수 있지만 '에너지'는 '의도'로만 만들어 낼 수 있으니까요. 의도가 명확하면 목소리가 크지 않아도 우리가 말하려는 이야기가 오롯이 전달될 수 있어요.

그럼, 어떻게 해야 목소리에 우리의 의도를 담아낼 수 있을까요? 강력한 에너지가 담긴 속 시원한 목소리로 메시지를 전달하는 방법을 알아볼게요.

속 시원한 목소리를 만드는 말습관 ❶

미영아, 밥 먹어라!

저는 어렸을 때 밥을 별로 좋아하지 않았어요. 그렇다 보니 엄마는 저에게 밥을 먹이기 위해 많은 노력을 하셨죠. 엄마는 주방에서 음식을 하시면서 항상 "미영아, 밥 먹어라!"라며 저를 불렀어요. 평소 목소리가 크신 분이 아닌데 그 목소리는 어찌나 잘 들리던지요. 아마 저에게 밥을 먹이겠다는 강한 의지를 담아 저를 부르셨기 때문이겠지요.

이런 엄마의 마음을 보고할 때 써보세요. 마치 엄마가 아이에게 밥을 먹이고 싶은 마음처럼, 어떻게든 여러분의 생각을 상사에게 전달하겠다는 '강력한 의지'를 다져보는 거죠. 실제 목소리가 작거나 에너지가 없는 분들도 자녀의 이름을 부르며 "밥 먹어라!"라고 말할 때는 목소리의 에너지가 폭발합니다. 특히 방문을 꼭 닫고 있는 아이를 부른다고 생각하면 소리의 에너지는 더 힘 있게 멀리까지 퍼져나갑니다. 이게 의도가 갖는 힘이에요.

만약 자녀가 없다면, 반대로 '엄마'에게 이야기를 전달한다는 마음으로 말을 시작해 보세요. 멀리 계신 엄마에게 "엄마, 배고파요. 밥 주세요!"라고 외쳐보는 거죠. 이렇게 우리가 가장 사랑하고 편한 대상을 생각하는 것만으로도 목소리의 에너지는 상당히 달라져요. 목소리와 표정이 부드러워지면서도 전달력은 높아집니다.

상사 앞에만 서면 위축이 되고 목소리가 작아진다면, 아이에게 "밥 먹어라!" 엄마에게 "밥 주세요!"라고 외치는 마음으

로 이야기를 시작해 보세요. 안으로 말려 들어가던 목소리가
밖으로 터져 나오며, 속 시원하게 에너지가 전달될 거예요.

속 시원한 목소리를 만드는 말습관 ❷
오페라 가수 따라 하기

어느 날 동료의 보고를 보다가 놀라운 현상을 발견했어요.
앞에 서서 보고를 하는데 몸이 계속 뒤쪽을 향하더군요. 마치
강력한 자석이 뒤에서 잡아당기는 것만 같았어요. 얼마나 보
고의 순간을 피하고 싶으면 몸이 저렇게까지 반응할까 싶어
몹시 안타까웠어요.

그런데 자꾸만 뒷걸음질 치려는 마음은 목소리도 뒤로 잡
아당겨요. 그리고 이렇게 위축된 마음에 지배당한 목소리는
차마 입 밖으로 나올 생각을 못하죠. 결국 아무리 큰 목소리를
내고 싶어도 힘만 잔뜩 들어갈 뿐 우렁차고 힘 있는 목소리는
만들어 낼 수 없어요.

저는 이 문제에 대한 해답을 오페라 공연에서 찾았어요. 오
페라 가수는 노래를 부르는 내내 자신감 넘치는 표정으로 청
중을 강력하게 응시하고 있었어요. 그런가 하면 허리를 꼿꼿
이 세워 가슴을 활짝 연 채로 한 손은 허리춤에 다른 한 손은

객석을 향해 뻗어냈죠. 한쪽 발은 힘차게 앞으로 내딛고 있었는데 마치 저를 향해 다가올 것 같은 몸짓이었어요. 그 자신감 넘치는 표정과 진취적인 자세에서 '저는 여러분께 제 노래를 멋지게 들려줄 거예요'라는 열정이 느껴졌어요. 그 강력한 에너지와 함께 뿜어져 나오는 우렁찬 목소리는 순식간에 공연장을 가득 채우며 관객을 몰입하게 만들었죠.

순간 영화 〈알라딘〉의 '자스민' 공주가 떠오르더군요. 더 이상 침묵하지 않겠다며 노래하던 그녀의 모습을 떠올려 보세요. 상체가 앞으로 튀어나올 듯한 자세로 강렬한 에너지를 전달하잖아요. 자신의 생각을 전달하겠다는 강력한 의도가 있을 때 우리의 몸은 상대를 향하게 됩니다. 이처럼 의도는 우리의 자세를 바꾸고 우리의 목소리를 변화시켜요.

그러니 상사 앞에서 자꾸만 몸이 움츠러들고 목소리가 작아질 때, 한 발을 힘차게 앞으로 내딛으며 상체를 꼿꼿하게 세워 보세요. 그리고 상체를 활짝 펼쳐서 상사를 향해 살짝 앞으로 밀어내 보세요. 마치 누군가 뒤에서 등을 밀어주는 것처럼요. 그럼, 목에 걸린 것 같았던 목소리가 입 밖으로 툭 튀어나오게 될 거예요.

바른 자세 만들기
·········

메시지를 잘 전달하겠다는 의도는 충분한데 목소리가 작은 경우도 있죠. 이럴 때는 '자세'를 살펴볼 필요가 있어요. 자세는 목소리와 밀접한 관련이 있어요. 특히 목의 자세가 중요해요. 요즘 사람들은 스마트폰이나 노트북을 많이 사용하다 보니 목이 앞으로 빠져 있는 경우가 많은데, 턱이 들린 채로 목이 앞으로 빠져 있다 보니 경추의 정렬이 흐트러져요. 이 경우 목 근육의 긴장이 높아져 발성에 안 좋은 영향을 주게 되죠. 목소리를 힘 있게 내기가 어려워지는 거죠.

힘 있는 목소리를 만들기 위해서는 목의 자세를 바로잡아줘야 해요. 귀와 어깨가 일직선이 되도록 하고, 턱을 몸쪽으로 살짝 당겨주는 거죠. 이때 시선은 정면을 향하도록 해주세요.

이렇게 목의 자세를 바로잡아 주면 공기의 통로인 기도가 넓어져 목이 조이지 않고 공명이 풍부해져요. 성대와 횡격막이 일직선에 위치하게 되면서 성대가 떨릴 때 횡격막도 함께 원활하게 진동할 수 있기 때문이죠. 공명이 풍성해지면 억지로 큰 소리를 만들어 내지 않아도 몸속에서부터 강력한 울림이 만들어지면서 마치 마이크를 사용한 것처럼 우리의 목소리를 증폭시켜 줄 거예요.

목의 자세   목과 횡격막의 위치

좋은 목소리를 위해서는 발의 자세도 중요해요. 양발의 발꿈치 사이에 주먹 하나가 들어갈 정도로 간격으로 벌려준 후, 양쪽 발을 바깥쪽으로 약 5도 정도 벌려주세요. 그러면 몸에 균형이 잡히게 되면서 성대나 횡격막 등 소리를 만들어 내는 기관들이 원활하게 활동할 수 있도록 도와줘요. 이때 한쪽 발을 앞으로 내딛어 무게중심을 앞뒤로 옮겨주면 몸이 경직되지 않기 때문에 소리를 자연스럽게 만들어 낼 수 있어요.

속 시원한 목소리를 만드는 말습관

1. **미영아, 밥 먹어라!**

   사랑하는 사람을 간절하게 부르는 마음으로 말해 보세요. 그 강렬한 의도가 에너지를 만들어 내면서 목소리에 힘이 실릴 거예요.

2. **오페라 가수 따라 하기**

   오페라 가수처럼 무대에서 자신감 넘치는 표정과 튀어 나갈 듯한 자세를 만들어 보세요. 여러분의 목소리도 힘 있게 뻗어 나갈 거예요.

3. **바른 자세 만들기**

   자세는 호흡의 근원, 호흡은 목소리의 근원이라는 말이 있어요. 틀어진 자세를 바로잡기만 해도 목소리가 놀랍게 좋아집니다.

03

저도 모르게
말끝을 흐려요
끝까지 힘 있게 전달하는 말습관

신입사원이 팀장님께 보고서를 내밀며 말한다.

신입 팀장님, 보고서 …

팀장 어! 내가 바쁘니까 최 과장한테 컨펌 받아!

(잠시 후)

신입 과장님, 제가 오늘 보고서를 컨펌 받아야 하는데 …

최 과장 응?

신입 팀장님이 바쁘시다고 ….

(한참의 침묵)

최 과장 내가 뭘 해주면 돼요?

회사에서 보고를 하다 보면 자신도 모르게 말끝을 흐리는 모습을 발견할 수 있어요. 그저 습관일 수도 있지만 대체로 보고내용에 자신이 없을 때 상사의 눈치를 보면서 말끝을 흐리게 되죠. 그런데 말끝을 정확하게 하지 않으면 뭔가 부족하거나 망설이는 느낌이 들어요. 자신감이 없어 보이는 거죠. 하지만 말끝을 흐릴 때 나타나는 본질적인 문제는 따로 있어요. 말의 목적이 제대로 전달되지 않는다는 거예요.

말끝을 흐린다는 것은 '서술어'가 사라진다는 거죠. 서술어에는 말의 목적과 핵심이 담겨 있어요. '배를 만들다'와 '배를 만지다'를 보면 '배를'까지는 동일하지만, 서술어를 '만들다'를 쓰느냐 '만지다'를 쓰느냐에 따라 전혀 다른 행위를 나타내요. 그런데 말끝을 흐려서 서술어가 사라지면 어떤 배를 어떻게 할 것인지 알 수가 없겠죠. 하고자 하는 말의 의도가 제대로 전달이 안 되는 거죠. 한국말은 끝까지 들어 봐야 한다고 말하는 이유가 바로 이것 때문이에요.

그래서 말의 의미와 목적을 정확하게 전달하고 싶다면 이제 '서술어'에 신경을 써야 해요. 그럼, 말끝을 흐리지 않으면서 말의 목적을 정확하게 전달하려면 어떻게 해야 할까요?

목적에 맞는 서술어 사용하기

끝까지 힘 있게 말을 하려면 말의 목적이 무엇인지 스스로 알고 있어야 해요. 말을 하기 전에 내가 할 말이 무엇이고, 도출해야 하는 결과가 무엇인지 명확하면 어떤 서술어를 써야 할지가 정확해져요. 그런데 목적 없이 말을 시작하면 정작 말을 마무리해야 하는 시점에 수습이 안 되니 당황하게 되고 말꼬리가 사라져 버리는 거죠.

말꼬리가 사라져서 스트레스를 받는다면 먼저 '내가 이 말을 통해 얻고 싶은 결과'가 무엇인지를 꼭 생각해 보세요. 그런 다음 그 목적과 결과에 맞는 서술어를 매칭하는 거죠. 마치 우리가 영어 공부를 할 때 숙어를 통째로 외우듯 목적과 서술어를 묶어서 훈련하는 거예요. 그렇게 즐겨찾는 서술어를 3~4개만 기억해 두어도 말을 수습하는데 어려움이 없어진답니다. 이제 여러분이 평소 자주 사용할 서술어를 모아보고, 입에 붙을 때까지 연결해서 말해 보세요.

중간보고를 할 때

Before 팀장님, 지시하신 내용 정리해 봤는데 …

After 팀장님, 지시하신 내용을 정리해 봤는데, 지금 검토 가능할까요?

상사의 조언을 구할 때

Before 팀장님, 홍보팀에서 지원요청이 왔는데 …

After 팀장님, 홍보팀에서 지원요청이 왔는데 어떻게 할까요?

상사의 결정이 필요할 때

Before 팀장님, 기안 올렸는데 …

After 팀장님, 기안 올렸습니다. 결재 부탁드립니다.

이렇게 서술어만 더해줘도 말의 의미가 확실해지죠. 그래야 듣는 사람도 우리가 하는 말의 목적을 정확하게 파악할 수 있어요. 그러니 앞으로는 회사에서 말을 할 때 '말하는 목적'과 그에 맞는 '서술어'를 꼭 생각해 보세요. 자주 사용하는 서술어를 '나만의 즐겨찾기'에 넣어두고 반드시 그 서술어로 문장을 마무리하려고 노력해 보세요. 커뮤니케이션이 한결 빨라지고, 훨씬 자신감 있어 보이게 됩니다.

끝까지 힘 있게 전달하는 말습관 ❷
말끝에 '요' 붙이기

말끝을 흐리는 습관이 문제가 되는 또 하나의 이유는 종결어가 사라지다 보니 의도치 않게 반말이 된다는 거예요. 예의를 갖춘 말은 대부분 '요' 또는 '다'로 끝나게 되고, 이런 종결어를 사용해 주면 문장이 완벽하게 마무리되면서 존중의 의미도 전달할 수 있어요. 그러니 말을 하다 말끝이 흐려지려고 할 때 재빠르게 '요'를 사용해 문장을 확실하게 끝맺음해 보세요.

예시 1

Before   제가 기안 올렸는데…. 오늘이 마감이라서…

After   제가 기안 올렸어요. 오늘이 마감이에요.

예시 2

Before   팀장님, 오늘 A업체에서 전화가 왔는데…. 그게 …. 예정된 일정까지 납기를 못 맞출 것 같다고….

After   팀장님, 오늘 A업체에서 전화가 왔는데요. 예정된 일정까지 납기를 못 맞출 것 같다고 해요.

이렇게 '요'만 붙여주어도 적어도 반말 같은 느낌은 나지 않아요. 그리고 문장이 완결형이 되기 때문에 말끝을 흐린다는 느낌도 적어져요. 만약 여기에서 조금 더 강단 있어 보이게 말을 마무리하고 싶다면 종결어 '다'를 사용해 주세요. 이 경우

'습니다' '입니다'를 주로 많이 사용하게 될 거예요.

예시 1

Before 선배님 … 오늘 … 제가 … 업체를 방문하기로 했는데… 잠시만 …

After 선배님, 오늘 제가 A업체를 방문하기로 했습니다. 잠시 다녀오겠습니다.

예시 2

Before 선배님, 오늘 제가 … 데이터 정리해서 드리려고 했는데…. 갑자기 오늘 오전에 시스템에 문제가 생겨서 …

After 선배님, 오늘 제가 보고서 데이터를 정리해 드리려고 했습니다. 그런데 갑자기 오전에 시스템에 문제가 생겼습니다.

이렇게 '요'와 '다'만 말끝에 붙여줘도 하나의 문장이 완결되면서 말끝도 내용도 명료해지죠. 그러니 말끝이 흐려지고, 말을 어떻게 마무리해야 할지 모르겠을 때에는 '요'와 '다'를 꼭 기억해 주세요.

짧게 말하기

우리가 말끝을 흐리는 이유 중에는 호흡이 짧아져서인 경우도 있습니다. 보고를 할 때는 일상 대화보다 목소리가 더 커야 하기 때문에 호흡이 평소보다 더 많이 필요해요. 문제는 우리가 보고를 할 때 긴장을 하기 때문에 호흡량이 현격히 적어진다는 겁니다. 안 그래도 평소보다 '호흡량'이 더 많이 필요한 상황인데, 제대로 호흡을 못하는 현상이 발생하는 거예요. 호흡이 부족하다 보니 아주 짧은 문장만 말해도 숨이 차고, 결국 말을 끝까지 못하고 말끝을 흐리게 되는 거죠.

이럴 때는 평소보다 더 짧은 문장을 사용해야 합니다. 기존의 문장을 최대한 쪼개서 한 문장에 딱 하나의 생각만 담아 보는 겁니다. 문장이 짧아지면 한 호흡으로 안정적으로 읽을 수 있어 말끝을 흐릴 일이 없습니다. 또 이렇게 짧은 문장을 사용해 말을 하면 듣는 사람 입장에서도 내용을 확실히 파악할 수 있어 말의 목적을 빠르게 전달할 수 있습니다.

Before 과장님, 재무팀에서 이번 달 외주비용을 지급하려면 오늘까지 비용 품의를 받아야 한다고 해서 지금 결재를 올렸는데 살펴봐 주실 수 있을까요?

`After` 과장님, 재무팀에서 연락을 받았는데요. (숨 쉬고) 이번 달 외주 비용을 지급하려면 오늘까지 비용 품의를 받아야 한다고 해요. (숨 쉬고) 지금 결재를 올렸는데 살펴봐 주실 수 있을까요? (숨 쉬고)

이때 중요한 것은 한 문장을 끝냈을 때 충분히 숨을 쉬고 다음 문장을 이야기해야 한다는 거예요. 마음이 급하면 한 문장을 끝낸 후 숨 쉴 틈도 없이 다음 문장을 이야기하는 경우가 있는데, 이렇게 되면 뒷 문장을 소화하기 전에 숨이 가빠올 거예요. 의도치 않게 말끝을 흐릴 수밖에 없는 상황이 오는 거죠. 그러니 문장과 문장 사이에 충분히 호흡을 하면서 말끝까지 명확하게 힘을 주며 말해 보세요.

끝까지 힘 있게 전달하는 말습관

1. 목적에 맞는 서술어 사용하기

본인이 자주 쓰는 서술어를 수집해 두고, 필요할 때 영어 숙어를 사용하듯 말해 보세요. 말끝이 완성되면서 자신감 있어 보이게 됩니다.

2. 말끝에 '요' 붙이기

말끝이 흐려지려 할 때 얼른 종결어 '요' 또는 '다'를 붙여주세요. 문장이 완결되면서 내용도 명료해지고, 똑 부러지는 이미지도 만들 수 있습니다.

3. 짧게 말하기

우리가 긴장을 하게 되면 평소보다 호흡이 더 부족해져요. 호흡이 부족해 말끝이 흐려지지 않도록 최대한 짧은 문장을 사용해 주세요.

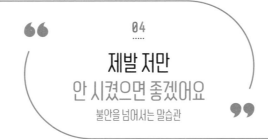

04

제발 저만
안 시켰으면 좋겠어요
불안을 넘어서는 말습관

"나 오늘, 새로 오신 팀장님한테 진심으로 화낼 뻔했어!"

어느 날 다른 팀에서 일하는 동료가 씩씩거리며 말하더군요. 동료의 얼굴에는 진심이 가득했어요. 도대체 만난 지도 얼마 되지 않은, 새로 온 팀장님이 뭘 그렇게 잘못했길래 화가 난 걸까 궁금했어요.

새로 온 팀장님은 모든 팀원들과 면담을 해야 하는 상황이었는데, 1:1 면담보다는 모두가 함께하는 프레젠테이션이 팀내 소통에 도움이 될 것 같다며 워크숍에서 각자 발표를 하자고 했다는 거죠. 안 그래도 팀장님이 낯선데, 심지어 모든 팀원들이 보는 앞에서 PT까지 해야 한다니요. 동료의 스트레스가 이만저만이 아니었어요.

발표는 누구에게나 부담스러운 일이에요. 우리는 대부분 사람들 앞에서 발표를 하다 '실수'를 하거나 '창피함'을 느꼈던 기억들이 있어요. 그때 느꼈던 감정을 또다시 경험하고 싶지 않죠. 그래서 발표를 시키면 도망가고 싶고, 사람들 앞에 나가 말을 해야 하는 상황을 피하고 싶어 해요. 최대한 주목을 덜 받으면 비난을 받거나 창피함을 느낄 일이 없을 테니까요.

하지만 더 이상 회피하고 도망치는 것으로는 문제를 해결할 수 없어요. 요즘 직장에서는 '말'로 자신의 생각을 표현해야 하는 상황이 점점 많아지기 때문이죠. 그래서 중요한 순간에 정말 멋지게 말을 잘하고 싶다면 지금부터라도 말하기에 대한 두려움을 이겨내야 해요.

그럼, 어떻게 해야 사람들이 주목할 때 두려워하지 않고, 우리 머릿속에 있는 생각을 차분하게 전달할 수 있을까요?

불안을 넘어서는 말습관 ❶
나에게 관대해지기

우리는 대부분 우리 자신에게 관대하지 못해요. 그래서 중요한 보고를 앞두고 '나는 잘할 수 있어!'라고 응원하기보다 '내가 잘할 수 있을까?'라며 스스로를 의심합니다. 상사나 동료 앞에서 좋은 평가를 받고 싶은 마음에 '절대 실수하면 안 돼!' '정말 잘해야 해!'라며 스스로를 가혹하게 몰아붙입니다. 하지만 이렇게 잘해야 한다는 생각은 우리를 더욱 긴장하게 하고, 공포까지 만들어 냅니다.

저도 '무조건 잘해야 해!'라며 저 스스로를 몰아치는 사람이었어요. 혹여라도 제 말이 바보같이 들려지는 날에는 다른 누구보다도 제가 저를 비난하는데 앞장섰죠. 그렇다 보니 사람들 앞에서 말을 해야 하는 순간이 너무 고통스러웠어요.

어느 날 문득 이 공포를 벗어나려면 내가 마음을 바꿔야겠다는 생각이 들더군요. 그래서 스스로에게 관대해지는 연습을 시작했어요. 제가 저를 비난하려고 할 때마다 '괜찮아! 그럴 수도 있지'라는 말을 저에게 계속 해줬어요. 지금도 '실수한 나도 괜찮아' '완벽할 필요 없어'라고 생각하려고 계속 노력하고 있어요.

그렇게 노력하는 사람은 저뿐만이 아니었어요. tvN의 〈알쓸신잡〉에서 김영하 작가는 노트 앞에 '절대로 출간하지 않을 책'이라고 적어둔다고 하더군요. 그래야 부담이 줄어들어 글이 잘 써진다는 거예요. 만약 '반드시 출간해야 할 책'이라고 적어뒀다면 부담감에 아무 글도 쓰지 못했을 거라고요.

그러니 우리도 너무 잘하려는 마음에 '절대 실수하면 안 돼!'라며 스스로에게 부담을 주기보다 '완벽할 필요 없어. 적당히 훌륭하면 괜찮아'라고 스스로에게 말해 보면 어떨까요? 그러면 말이 더 잘되지 않을까요?

불안을 넘어서는 말습관 ❷
신나는 음악 듣기

"강사님은 강의 전에 춤을 좀 추서야겠네요."

"네? 춤을 왜 춰요?"

"좀 기운이 없어 보여요."

택시를 타고 강의를 가던 길이었습니다. 기사님은 제가 영 힘이 없어 보인다며 강의 전에 음악을 틀어 놓고 신나게 춤을 추라고 말해 주었어요. 그러면 혈액순환도 잘되고 기분도 좋아진다는 거죠. 강의 전에 강사 대기실에서 음악을 들으며 춤을 추는 저를 생각만 해도 웃음이 나서 기분이 좋아졌습니다.

실제로 음악은 우리의 감정에 좋은 영향을 주고, 신체 기능이 잘 작동할 수 있도록 도와줘요. 올림픽 경기장에서 이상화 선수나 박태환 선수가 귀에 이어폰을 끼고 있는 모습을 자주

봤잖아요. 음악을 들으면서 운동을 하면 감정상태가 현저히 좋아지고, 신체적 수행능력이 높아진다고 해요. 마음이 안정되면 심리적 부담감도 적어지고 신체의 긴장이 풀리니까 운동 성적도 좋아지는 겁니다.

우리의 말도 운동과 다르지 않아요. 음악으로 마음을 풀어주면 마음이 유연해져 말이 쉽게 잘 나와요. 근육이 긴장하지 않으니 발음이 꼬일 일도 적어지죠. 그래서 저도 긴장되는 일이 있을 때는 좋아하는 음악을 오랫동안 들으며 기분을 전환하려고 노력해요. 흥겨운 노래 리듬에 맞춰 제가 해야 할 말을 연습하기도 하죠. 말을 하는 순간이 즐거운 순간이라는 것을 세뇌시키는 거예요.

즐거운 기분을 DNA 깊숙이 심어주면 실전에서도 미묘하게나마 힘을 발휘합니다. 사람들 앞에 걸어 나갈 때 늘 듣던 음악이 BGM처럼 흘러나온다고 상상해 보는 거죠. '빠바빰 바바바' 그리고 그 멜로디에 맞춰 흥겹게 걸어 나가 보는 거예요. 발걸음은 경쾌하고, 눈빛은 초롱초롱하겠죠.

보고가 스트레스로 다가올 때, 발표가 공포스러울 때, 고객과의 대화가 나를 위축되게 할 때 잠시 나만의 시간을 갖고 마음속에서 음악을 틀어보세요. 음악을 들으며 가볍게 몸을 움직이면 경직되려던 몸과 마음이 한결 부드러워질 거예요.

가상 리허설 해보기

저는 중요한 보고나 발표 전에 꼭 하는 저만의 의식이 있어요. 전날 잠들기 전에 눈을 감고 제가 실제 무대에 있다고 생각해 보는 거죠. 마치 가상현실처럼 머릿속에 홀로그램을 띄워놓고 실전처럼 리허설을 해봅니다. 말을 할 때 막힘은 없는지, 예상되는 돌발상황은 없는지, 갑자기 통제 불가능한 상황이 생기면 어떻게 대처할 것인지 등을 머릿속으로 미리 준비해 보는 거죠.

중요한 것은 청중들도 그 리허설에 함께한다는 거예요. 청중들까지 상상 속에 넣어 놓고 제 앞에서 저를 보고 있는 청중들의 눈빛을 느끼는 거죠. 준비가 부족해 자신이 없는 날에는 가상 리허설인데도 청중의 눈빛이 날카로워요. 그럴 때는 제가 계속해서 청중을 향해 웃으려고 노력해요. 그러면 가상현실 속의 청중도 마지못해 웃어줍니다. 이렇게 가상 리허설을 하며 미리 청중의 반응을 경험해 보면 실제 현장에서 청중들을 만났을 때 친근하게 느껴지면서 불안한 감정이 많이 줄어들어요.

여러분도 당장 내일 중요한 보고가 있다면 눈을 감고 가상현실을 만들어 보세요. 그리고 내 앞에서 내 이야기를 듣게 될 상사와 동료들에게 밝게 웃어주며 '우리 내일 즐겁게 만나요' 라며 인사를 건네 보세요. 다음 날 상사와 동료의 얼굴을 봤을 때 한결 마음이 편해질 거예요.

그리고 여건이 된다면 '실전 리허설'을 해보는 것도 꽤 도움이 됩니다. 회의실에서 미리 보고나 PT 연습을 해보는 거죠. 장소와 상황만 익숙해져도 불안감이 상당히 해소된답니다.

불안을 넘어서는 말습관

1. 나에게 관대해지기

너무 잘해야 한다고 생각하면 몸에 힘이 들어가 더 실수를 하게 돼요. '적당히 잘하면 된다'는 마음으로 힘을 **빼면** 편안한 마음이 찾아올 거예요.

2. 신나는 음악 듣기

여러분이 좋아하는 노래를 들으면서 마인드 컨트롤을 해보세요. 몸과 마음이 즐거워지면 목소리에 여유가 생겨요.

3. 가상 리허설 해보기

막연하게 불안해하지 말고, 머릿속에 현장을 떠올리며 가상 리허설을 해보세요. 이때 꼭 청중도 등장시켜 그들과 미리 친해지는 시간을 만들어 보세요.

05

숨이 차고
말이 꼬여요
긴장을 들키지 않는 말습관

"저는 회사에 들어와 말을 더듬는 버릇이 생겼어요. 이상하게 보고만 들어가면 숨이 가빠지고 말이 자꾸 꼬이고 말까지 더듬어요."

회사에 입사한 후 말을 더듬는 습관이 생겼다는 지인의 말에 순간 저의 사원 시절이 떠올랐어요. 저도 입사를 하고 얼마 지나지 않아 말을 하는데 갑자기 숨이 차고 말이 꼬이더군요. 한 번도 경험해 보지 못한 냉정하고 엄숙한 조직문화가 저를 주눅 들게 한 탓이지요. 그 극도의 긴장감은 우리의 생각을 마비시킵니다. 그래서 머릿속에 떠오르는 많은 생각들을 단어나 말로 조합해 낼 여력이 없어지는 거예요. 말을 하려고 하면 입에서 계속 멈칫거리게 되고, 첫마디만 반복하며 말을 더듬거나 말이 꼬이는 현상이 나타나게 됩니다. 심한 경우에는 말문이 턱 막혀버리기도 해요.

더 큰 문제는 이 상황을 빠르게 벗어나고 싶다는 생각에 자신도 모르게 말이 빨라지게 된다는 거예요. 그런데 말은 생각의 속도를 따라가지 못해요. 빠르게 말을 하기 위해서는 혀와 입술 같은 조음기관은 물론이고 호흡을 도와주는 근육들이 신속하고 유연하게 움직여야 하는데, 긴장 탓에 이 근육들이 마비되면 호흡이 제대로 일어나지 않아요. 이때부터는 아무리 제대로 말하려고 노력해도 호흡은 가쁘고 혀는 꼬이죠.

보는 사람이 더 긴장되는 이런 순간에 우리는 어떻게 대처하면 좋을까요? 긴장한 것을 들키지 않고 말할 수 있는 방법을 알아볼게요.

긴장을 들키지 않는 말습관 ❶
일시정지하기

말이 꼬인다 싶으면 잠시 멈추세요. 같은 말이 몇 번씩 반복되고, 말에 '어, 그, 저' 같은 허사가 섞이기 시작하면 말의 흐름이 끊기게 돼요. 그러면 처음에는 어떻게든 들으려고 노력하던 사람들도 집중해서 듣기가 어렵죠. 이런 때는 말을 이어가려고 애쓰기보다 잠시 멈춰서 생각을 정리하는 것이 좋아요. '어, 그, 저' 같은 허사가 나오려고 할 때는 그 말을 꿀꺽 삼키면서 마음속으로 2초만 세어보세요.

> Before 　어… 제가 음… 오늘 여러, 여러, 여러분께 드리고 싶은 이야기는 어…. 발표력입니다.
>
> After 　제가 (하나둘) 여러분께 드리고 싶은 이야기는 (하나둘) 바로 발표력입니다.

잠시 멈춘 그 순간이 너무 길게 느껴질 수 있어요. 특히 긴장도가 높고 마음이 초조할 때는 1초도 몹시 길게 느껴져요. 하지만 듣는 사람들은 그렇지 않아요. 오히려 '일시정지'는 청중의 호기심을 유발하고 집중을 유도하기도 합니다. 그러니 잠시 멈춰 호흡을 가다듬으면서 머릿속으로 어떤 순서대로 이야기할 것인지 생각의 줄을 세워 보세요. 이렇게 하면 생각이 엉키지 않고 차례차례 '말'로 표현될 수 있습니다. 갑작스럽고 당황스러워 말을 더듬게 된다면 억지로 말을 이어가지 말고, 잠시 멈춰서 깊게 호흡을 하며 멘탈을 재정비해 보세요.

스트레칭하기
....

말을 할 때 숨이 차지 않고 발음을 잘하려면 일단 근육을 이완시켜야 해요. 스트레칭을 통해 호흡과 관련된 근육들이 경직되지 않도록 쭉쭉 늘려주는 거죠. 그래야만 근육이 풀리고 움직임이 유연해져 숨을 충분히 깊게 들이마실 수 있어요.

우리가 호흡을 할 때는 어깨에서부터 등, 옆구리까지 상체 대부분의 근육이 사용되는데, 이 부분의 스트레칭 방법을 살펴볼게요.

긴장을 하면 호흡을 할 때 어깨가 위로 올라가요. 어깨에 힘이 들어가는 거죠. 그러면 깊은 호흡을 하지 못해요. 깊은 호흡을 하려면 우선 어깨의 긴장을 풀어 어깨를 낮춰주는 과정이 필요해요.

어깨에 힘이 잘 안 빠진다면 양쪽 어깨가 귀와 최대한 가까워질 수 있도록 끌어올렸다가, 어깨를 뒤쪽으로 돌리면서 서서히 아래쪽으로 낮춰 보세요. 그러면 구부정했던 등이 쭉 펴지면서 키가 커지는 느낌이 들어요. 이 상태에서 어깨를 고정한 후 호흡하면 호흡이 깊고 편해져요.

또 어깨가 활짝 열릴 수 있도록 스트레칭을 해주는 것도 좋아요. 양손에 깍지를 껴서 뒤통수에 대고 숨을 들이마시며 팔꿈치를 최대한 활짝 열어보고, 내쉬는 숨에 팔꿈치를 모아서 몸을 모아줘요. 그러면 어깨와 연결된 등과 옆구리 근육이 함께 늘어나면서 우리의 폐가 충분히 공기를 채울 수 있도록 도와줘요.

어깨 낮춰주기   등 펴기   어깨 모았다 펴기

이처럼 호흡을 도와주는 근육들이 충분히 활동할 수 있도록 스트레칭을 해주면 긴장된 상황에서도 충분히 호흡을 할 수 있어요. 그러니 중요한 보고를 앞두고 숨이 잘 안 쉬어진다면 보고를 하기 전에 스트레칭을 통해 근육을 충분히 이완시켜 주세요. 깊은 호흡이 가능해지면서 말하기에 충분한 공기를 확보할 수 있어요. 그러면 더 이상 보고할 때 숨이 가쁘지 않을 거예요.

천천히 말하기

말이 꼬일 때는 꼬인 말을 정정해야겠다는 생각에 마음이 다급해집니다. 하지만 이럴 때일수록 최대한 천천히 말하려고 노력해야 합니다.

충분한 훈련이 되지 않은 상태에서 말의 속도가 빨라지면 발음은 뭉개지고 말은 엉킬 수밖에 없어요. 더구나 긴장을 했을 때는 입술과 혀의 근육도 경직될 확률이 높은데, 이 상태에서 속도가 빨라지면 제아무리 뛰어난 래퍼라도 정확한 발음을 구현하는 것이 불가능해요. 그래서 긴장을 했을 때는 더더욱 말의 속도를 천천히 줄여, 혀와 입이 움직일 수 있는 시간을 벌어 줘야 해요. 더 천천히 또박또박 의식하며 말을 해야 하는 거죠.

말을 천천히 하는 연습을 할 때는 메트로놈Metronome(박자를 맞출 수 있게 도와주는 기구)을 사용하기도 해요. 저는 싱잉볼Singing bowl(명상 도구) 연주에 맞춰서 연습하는 것을 추천해요. 싱잉볼 연주는 명상을 할 때 많이 듣는데, 그런 만큼 속도가 여유롭죠. 유튜브에서 싱잉볼 음악을 찾아 틀어놓고 천천히 박자를 맞춰 연습해 보면 마음도 평온해지고, 우리의 뇌도 평정심을 찾게 될 거예요. 이렇게 평소에 말의 속도를 의도적으로 늦추는 연습을 하다 보면 호흡도 안정되고 생각도 정리되기 때문에 우리의 말을 차분하게 전달할 수 있게 되는 거죠.

물론 이 경우 말이 너무 느린 것 같다고 생각할 수 있어요. 하지만 말이 꼬여서 하고 싶은 말을 제대로 전달하지 못하는 것보다 조금 느리더라도 하고 싶은 말을 정확히 전달하는 것이 더 좋겠죠. 그러니 급하게 하고 싶은 말을 다 쏟아내기보다 최대한 천천히 정확하게 이야기하려는 여유로운 마음을 가져 보세요.

긴장을 들키지 않는 말습관

1. 일시정지하기

'어, 그, 저'는 망설이는 느낌을 주지만 '멈춤'은 전달력을 높이고 주의를 집중시키는 효과가 있어요. 그러니 '어, 그, 저' 같이 허사가 튀어나올 때는 말을 잠시 멈추고, 침을 꿀꺽 삼키듯 허사를 삼켜주세요.

2. 스트레칭하기

호흡을 도와주는 근육들이 경직되면 호흡을 제대로 할 수 없어요. 보고 전에 스트레칭으로 호흡 근육들을 충분히 풀어주면 숨쉬기가 한결 편해질 거예요.

3. 천천히 말하기

말을 천천히 하려고 노력하면 생각도 차분해지고 말도 덜 꼬여요. 그러니 말의 속도를 줄여서 평정심을 찾아보세요.

사무실에서 프로페셔널하게 전화하는 법

SPEECH HABIT

저는 사무실에서 전화하는 게 참 어렵더라고요. 자꾸 말을 버벅거리고 꼬이게 되는데 그걸 옆 사람이 듣고 평가할까 봐 겁이 좀 났던 것 같아요. 그래서 제 휴대폰을 들고 나가 사무실 밖에서 통화한 적이 많아요. 비록 제 전화요금을 쓰더라도 마음이 편했거든요. 그런데 언제까지 제 휴대폰으로 통화할 수는 없잖아요. 그럼, 사무실에서 전화 통화를 할 때 두려움을 이겨낼 수 있는 방법들에 대해 이야기해 볼게요.

오프닝 멘트를 써보세요

우선 저는 전화를 하기 전에 오프닝 시나리오를 써요. 제가 누구에게 전화하는지, 전화한 목적과 요청사항은 무엇인지를 먼저 글로 적어 보는 거죠. 이렇게 할 말을 글로 적어두면 전화 통화가 한결 수월해져요.

그럼, 어떤 내용들을 미리 적어두면 좋을까요? 회사에서 통화를 할 때는 무언가를 요청하기 위한 경우가 많은데, 이럴 때는 크게 3가지 질문으로 메시지를 만들어 보면 좋아요.

오프닝 시나리오를 위한 3가지 질문 및 예시

- 누구에게 전화를 거는가? → 김준영 과장
- 무엇을 요청할 것인가? → 원가절감 우수 사례 내용 발표
- 요청하는 이유는 무엇인가? → 분기모임 우수 사례 공유

이렇게 질문과 답을 정리해 봤다면 이 내용을 실제 말하듯이 글로 적어보세요. 혹여라도 긴장해서 할 말이 생각나지 않더라도 보고 읽으면 되니 당황하지 않고 자연스럽게 대화할 수 있어요.

오프닝 시나리오

안녕하세요, 김 과장님. 저는 A팀의 최미영입니다.

이번 분기모임에서 '원가절감 우수 사례 발표'를 기획하고 있어요.

혹시 과장님께서 진행하신 원가절감 프로젝트 내용을 분기모임에서 공유해 주실 수 있을까요?

플로우 차트를 그려 보세요

통화가 어렵게 느껴지는 이유 중 하나는 예측불가능입니다. 우

리가 생각하지 못한 방향으로 대화가 흘러갈 때 몹시 당황하게 되죠. 메일이나 메신저라면 천천히 고민해 보고 답변할 수 있겠지만 전화 통화는 순간적으로 대응해야 하기 때문에 더욱 어렵죠. 이런 때는 여러 가지 경우의 수를 고려해 플로우 차트를 준비해 보세요. 요청사항을 체크해 본 후 상대의 대답에 따라 어떻게 대처할 것인지 그 내용과 순서를 정리해 두는 거죠. 구체적이고 명확하게 만들수록 예측불가능한 상황에 순발력 있게 대응할 수 있습니다.

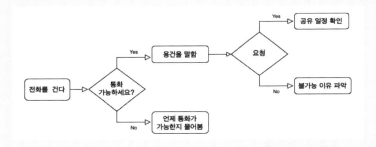

통화 체크리스트를 만드세요

간혹 전화 통화를 끝내고 나서 미처 체크하지 않은 내용이 떠오를 때가 있죠. '아! 그거 확인 안 했다!'라며 다시 전화를 걸기도 참 애매합니다. 놓치는 내용 없이 통화를 하고 싶다면 미리 체크리스트를 만들어 보세요. 이때 일정, 장소, 방법 등 세부적으로 논의할 주제들을 상세하게 메모해 두면 더욱 확실하게 통화할 수 있습니다.

워크숍 장소 예약

A 항목	☰ 확인할 내용	☰ 메모
워크숍 일정	O월 OO일~ OO일 (1박 2일)	
회의실 규모	총 20명 인원 수용 가능한 회의실	
회의실 시설	프로젝트 빔과 마이크 사용	
다과	아메리카노, 쿠키	
숙소	방 10개-2인 1실, 싱글 침대 2개 필요	
주차	주차가 가능한가? 사전등록이 필요한가?	
조식	조식은 제공되는가? 메뉴는 무엇인가?	
비용	언제까지 어떤 방식으로 지급해야 하는가?	
취소가능시한	예약금 환불 가능 시한은 언제인가?	

꼼꼼하게 메모하세요

통화내용을 메모하는 것도 좋은 습관이에요. 통화 중에 논의된 내용들을 꼼꼼하게 적어 놓지 않은 탓에 나중에 통화 내용이 기억 나지 않아 난감한 경우가 생기곤 하죠. 그런 불상사를 막으려면 통화 중에 논의한 일정 등의 합의사항을 회의록처럼 정리 해 보세요. 놓치는 일 없이 업무를 처리할 수 있습니다.

제가 다시 전화 드릴게요

우리가 전화를 걸 때는 오프닝 멘트를 쓰거나 체크리스트를 작성할 수 있지만 오는 전화를 받을 때는 어떻게 하면 좋을까요?

이럴 때는 상대가 전화한 목적을 잘 들어본 후에 "지금 처리할 업무가 있으니 10분 뒤에 다시 전화 드려도 될까요?"라고 정중하게 물어보세요. 전화를 끊고 나서 해당 이슈에 대해 생각을 정리한 후 시나리오를 쓰고 체크리스트를 정리해 다시 전화를 하면 됩니다.

이런 과정이 몇 번 반복되고 나면 꽤 익숙해져 구태여 "다시 전화 드릴게요!"라는 과정을 거치지 않아도 상황에 맞게 잘 대응할 수 있게 될 거예요.

그럼, 이제부터 전화 통화 전에 오프닝 시나리오를 쓰고, 체크리스트를 잘 정리해 여러분의 통신료 쓰지 말고 사무실에서 당당하게 회사 전화로 통화해 보세요!

영상으로 자세히 보기

Chapter 5

목소리를 바꾸면
유능해 보여요

01
......

못 알아들었어!
다시 말해 줄래?
귀에 쏙쏙 들리는 말습관

"후배가 보고를 하는데 발음이 너무 안 좋아서 도대체 무슨 말을 하는지 알아들을 수가 없더군요. 보고서는 너무 잘 썼는데 제대로 전달을 못해서 참 안타까웠어요."

"저희 팀장님은 발음이 안 좋아서 말을 알아듣기가 어려워요. 다시 물어보는 것도 한두 번이지 나중에는 그냥 알아들은 척해요."

"제가 말을 하면 항상 못 알아들었다며 다시 말해 달래요. 한두 번은 다시 말하지만 나중에는 힘도 들고 스트레스도 받게 되어 아예 말을 안 하게 되더라고요."

발음이 불분명해서 "못 알아들었어. 다시 말해 줄래?"라는 요청을 받은 적 있나요? 발음이 정확하지 않으면 '내용'이 확실하게 전달되지 않아요. 특히 보고나 회의를 할 때는 준비한 내용을 제대로 공유하기 위해 더더욱 정확한 발음으로 메시지를 전달해야 해요. 그런데 의외로 많은 사람들이 '발음'에 대해서는 크게 신경을 쓰지 않아요.

발음은 '메시지 전달'이라는 기본적인 역할보다 더 중요한 게 있어요. 바로 듣는 사람의 '몰입'이에요. 발음을 정확히 하면 메시지가 제대로 전달되기 때문에 상대가 집중할 수 있고, 잘 들리니까 구태여 에너지를 쏟지 않아도 돼서 더 오래 경청할 수 있어요. 하지만 발음이 정확하지 않으면 듣는 사람이 내용을 이해하기 위해 많은 노력을 기울여야 해요. 그러면 쉽게 지치고, 금방 집중이 흐트러지게 되죠. 부정확한 발음이 듣는 사람의 집중력을 떨어지게 만드는 원인인 거죠.

정확한 발음은 그 사람의 '이미지' 측면에서도 중요해요. 발음 때문에 내용을 못 알아듣는 상황이 잦아지면 내용과는 상관없이 말하는 사람이 몹시 답답하게 느껴져요. 더 나아가 웅얼거리는 말투로 인해 자신이 없고 성의가 없어 보이기까지 해요. 이런 부정적인 이미지가 만들어지게 되면 상사는 우리가 어떤 말을 하든 못 미더워해요. 게다가 이런 상황이 반복되면 보고를 아무리 잘 준비하고 내용이 좋아도 상사를 설득하기가 쉽지 않아요.

그래서 상사가 흔쾌히 일을 맡길 수 있는 '믿음직한' 이미지를 만들기 위해서는 평소 정확한 발음을 구사하기 위해 노력해야 해요. 정확하고 단정한 발음은 내용을 제대로 전달할 수 있을 뿐만 아니라 똑 부러지게 일 잘하는 이미지까지 연출할 수 있어요.

그럼, 일상 속에서 어떻게 해야 발음을 개선할 수 있을지 알아볼게요.

귀에 쏙쏙 들리는 말습관 ❶
입 모양을 정확히 만들기

'입 모양'만 정확해도 발음은 좋아질 수 있어요. 정확한 발음을 위해서는 모음 발음을 결정하는 입술 모양을 부지런히 바꿔주며 각각의 모음을 표현해 줘야 해요. 그런데 발음이 안 좋은 사람들은 대부분 입술을 거의 움직이지 않아요. 각각의 모음마다 고유의 입 모양이 있는데, 하나의 입 모양으로 모든 모음을 표현하다 보니 발음에 변별력이 생기지 않아 발음이 뭉개지고 웅얼거리는 것처럼 들리는 거죠.

이 문제를 해결하기 위해서는 각 음절이 가지고 있는 모음의 발음이 명확하게 구분될 수 있도록 입 모양을 정확하게 만들어 줘야 해요. 예를 들어 '아이'라는 발음을 한다면 '아'라는 발음을 할 때는 입술이 위아래로 길어지고, '이'라는 발음을 할 때는 입술이 가로로 길어지죠. '오이'라는 발음을 한다면 '오'를 발음할 때는 입술이 가운데로 모아지고, '이'를 발음할 때는 가로로 길어집니다. 이렇게 각각의 입 모양을 정확하면서도 신속하게 움직여야 고유의 발음을 표현할 수 있어요.

입 모양이 '아'에서 '이'로 달라지는 모습   입 모양이 '오'에서 '이'로 달라지는 모습

발음 훈련을 할 때는 모음만 따로 떼어내 훈련하는 게 효과적이에요. '안녕하세요'라는 말을 한다면 '아, 여, 아, 에, 요' 이렇게 모음을 분리해서 정확한 입 모양을 훈련해 보는 거죠. 입 모양을 확실하게 잡아준 후에 자음 발음을 더해 주면 한결 발음이 명료해집니다.

- 안녕하세요 → 아여아에요

- 매출 증대 방안 → 애우 으애 아아

- 해외 시장 진출 → 애외 이아 이우

- 프로모션 기획서 → 으오오여 이외어

- 서비스 현황 보고서 → 어어으 여와 오오어

- 시장 점유율 → 이아 어유유

받침 신경 쓰기

"간장공장공장장은 강공장장이고, 된장공장공장장은 장공장장이다."

우리가 발음 훈련을 할 때 많이 쓰는 문장이죠. 이 문장을 읽다 보면 발음이 꼬이고 뭉개지기 일쑤예요. 이 문장은 왜 발음하기가 어려운 걸까요?

그 이유는 받침에 있습니다. 이 문장을 틀리지 않게 읽기 위해서는 받침인 'ㄴ'과 'ㅇ'까지 정확히 발음해 내야 해요. 받침은 우리가 많이들 간과하는 부분인데, 받침 발음만 잘 챙겨 줘도 발음은 한층 정확해집니다.

받침을 정확하게 발음하고 싶다면 받침이 온전히 하나의

음절인 것처럼 신경 써야 해요. '간'의 경우 '가' + '안' 이렇게 받침을 별도의 음절로 분리해 각각의 음가를 정확하게 발음해 보는 거죠.

- 간 = 가 + 안
- 장 = 자 + 앙
- 공 = 고 + 옹
- 장 = 자 + 앙

이 방법을 문장에 적용해 훈련해 볼게요. 받침을 별도의 음절로 만들어 보고, 각 음절의 발음에 충실해 주세요. 특히 받침 발음은 끝까지 신경 써야 해요.

가안자앙고옹자앙고옹자앙자앙은 가앙고옹자앙자앙이고,
되인자앙고옹자앙고옹자앙자앙은 자앙고옹자앙자앙이다.
→ 간장공장공장장은 강공장장이고, 된장공장공장장은 장공장장이다.

받침 발음이 익숙해지면 분리한 음절들을 원래대로 모아주고 일상적인 속도로 읽어보세요. 한결 매끄럽고 정확하게 발음이 되는 것을 느낄 수 있을 거예요.

- 시장 진출 전략 → 시 자앙 지인추울 저언랴악

- 국내 시장 현황 → 구욱 내 시 자앙 혀언 화앙

- 고객 관리 역량 → 고 개액 과안 리 여억랴앙

- 성과 창출 활동 → 서엉 과 차앙 추울 화알 도옹

- 품질 경쟁력 강화 → 푸움 지일 겨엉재앵려억 가앙화

첫 음에 힘주기

발음이 명료해지는 또 하나의 방법은 첫음절에 힘을 실어 주는 거예요. "안녕하세요!"라고 말할 때 모든 음절에 균등하게 힘을 배분하기보다는 '안'이라는 첫 음에 힘을 실어주는 거죠. 뒤따라오는 음절에도 힘이 가해지면서 말에 힘이 생기고 발음이 또렷해져요.

이건 마치 스키를 탈 때 스키 폴로 바닥을 밀어내면서 달리는 것과 같은 느낌이에요. 스키 폴을 바닥에 쿡 찍어 힘차게 밀어내는 느낌으로 첫음절을 힘차게 시작해 보세요.

안녕하세요. 반갑습니다. 최미영입니다.

첫 음에 강세를 주면 리듬을 타기도 수월해요. 말에 리듬이 생기면 평소에 발음하기 어려웠던 단어도 매끄럽게 발음할 수 있어요. 더 좋은 것은 리듬감 덕분에 한층 역동적으로 들린다는 거죠. 발음도 좋아지고 활기찬 이미지까지 만들어 주는 일석이조의 방법이니 중요한 보고나 발표를 할 때 꼭 활용해 보세요.

<u>수</u>익기반 확보를 위해 (/) <u>장</u>기계약을 확대하겠습니다.

<u>고</u>객의 불편을 해소하고 (/) <u>개</u>선안을 마련하겠습니다.

<u>온</u>라인 쇼핑몰 이용자가 (/) <u>지</u>속적으로 증가하고 있습니다.

귀에 쏙쏙 들리는 말습관

1. **입 모양을 정확히 만들기**

   모음만 따로 떼어내 정확한 입 모양을 만들어 훈련해 보세요.
   금세 발음이 좋아지는 것을 느낄 수 있어요.

2. **받침 신경 쓰기**

   받침 발음에 끝까지 신경 써 주세요. 발음이 꼬이거나 뭉개지
   지 않아요.

3. **첫 음에 힘주기**

   첫음절에 강세를 주면 발음도 정확해지고, 말에 리듬감이 생겨
   서 경쾌한 이미지도 만들 수 있어요.

02

아이 같은 말투를
고치고 싶어요

프로페셔널한 목소리를 만드는 말습관

"결국은 못 뽑았어."

얼마 전 채용을 위해 면접을 진행하던 친구가 한숨을 쉬며 말하더군요. "일할 사람이 없어서 전공만 맞으면 누구라도 뽑겠다며?"라고 물었죠. 친구는 몇 달 동안 헤드헌터를 통해 많은 사람들의 이력서를 받아 보았는데, 딱 맞는 인재가 없어 채용에 어려움을 겪고 있었거든요. 겨우 마음에 드는 이력서가 있어 면접까지 봤는데 어떤 이유로 채용을 하지 않은 것인지 궁금했어요. "왜 채용하지 않았어?"라고 물었더니 친구가 의외의 대답을 하더군요.

"목소리가 너무 아이 같더라고."

전화로 비대면 면접을 진행했는데 이야기를 나누다 보니 '이렇게 아이 같은 사람에게 과연 일을 시킬 수 있을까?'라는 의구심이 들었대요. "목소리가 아이 같아서 그렇지 막상 일은 잘할지도 모르잖아"라는 제 말에 친구는 "글쎄… 같이 일하기는 어려울 것 같아"라며 말끝을 흐리더군요.

전공만 맞으면 누구라도 뽑고 싶을 만큼 직원이 필요한 상황이었음에도 채용을 하지 않겠다고 결정한 이유가 지원자의 스펙도 역량도 아닌 목소리 때문이라는 것이 조금은 충격이었어요. 목소리가 실력을 대변하는 요소가 아님에도, '목소리' 때문에 못 미더운 사람으로 여겨진 거죠.

목소리 탓에 '저 사람은 일을 제대로 못할 거야!'라고 오해를 받는다면 너무 억울하지 않나요? 대체 일을 믿고 맡기고 싶은 사람의 목소리는 무엇이고, 어떻게 만들 수 있을까요?

프로페셔널한 목소리를 만드는 말습관 ❶

중저음 목소리 만들기

프로페셔널한 이미지를 연출할 때 가장 중요한 것은 '중저음'의 목소리에요. 중저음의 목소리는 신뢰감을 주며, 더 나아가 성공과도 관련이 있다고 알려져 있어요. 실제 듀크대 메이유 교수의 연구에 따르면 미국 CEO들의 목소리를 분석한 결과 중저음의 목소리를 가진 사람들이 사회적 지위가 높다고 해요.

> "CEO의 경우 중저음 목소리를 가진 사람이 그렇지 않은 사람에 비해 상대적으로 규모가 더 큰 기업에서 일하고, 연봉도 높으며, 재직기간도 긴 것으로 나타났다."(출처 : DBR '중저음의 목소리를 가진 CEO가 더 큰 기업에서 연봉도 많이 받는다')

그렇다면 훈련을 통해 중저음의 목소리를 만들 수 있을까요? 대답은 Yes입니다. 우리는 호흡 훈련만으로도 중저음의 목소리를 만들어 낼 수 있어요. 바로 '복식호흡'이죠. 일반적으로 복식호흡은 아랫배를 활용한 호흡으로 알려져 있는데, 코로 숨을 마실 때 갈비뼈가 활짝 열리면서 아랫배 부분이 함께 부풀어 올라요. 숨을 들이마실 때 아랫배가 볼록해졌다가 내뱉을 때 홀쭉해지는 모습을 보고 복식호흡이라고 부르는 거죠.

복식호흡을 할 때는 가슴호흡을 할 때보다 더 많은 양의 공기를 들이마실 수 있다고 알려져 있어요. 그래서 더욱 울림이 좋으면서도 굵고 낮은 목소리가 만들어져요. 호흡만으로도 한층 듣기 좋고 안정적인 목소리를 만들어 주는 거죠.

복식호흡을 하는 방법은 간단합니다. 코로 숨을 들이마실 때 최대한 공기를 아랫배까지 보낸다는 마음으로 깊이 들이마셔 주세요. 그리고 들이마신 공기가 아랫배에 닿았다는 느낌이 들 때 복근으로 아랫배를 누르며 공기를 입 밖으로 밀어 올려주세요. 이때 두 손을 아랫배나 갈비뼈 부근에 가져다 대서 숨을 들이마실 때 부풀어 오르고, 내뱉을 때 다시 좁아지는지 확인해 주세요. 처음에는 아주 미세한 움직임만 느껴질 거예요. 그러니 절대 무리해서 과도하게 호흡하지 말고, 가능한 만큼만 자연스럽게 호흡하며 훈련해 보세요.

영상으로 확인하세요.

프로페셔널한 목소리를 만드는 말습관 ❷
말꼬리 끌어내리기

전문적이고 똑 부러진 이미지를 만들기 위해서는 말투도 중요해요. 말투를 결정하는 가장 핵심적인 요소가 바로 '말끝'을 어떻게 연출하느냐인데, 말끝의 높낮이와 길이, 강약에 따라 다양한 말투를 만들어 낼 수 있어요. 특히 말투는 높낮이가 중요한데, 말끝의 음을 올려주면 친절한 느낌이 들어 듣는 사람의 기분이 좋아지죠. 서비스업에 종사하는 분들이 끝음을 올려 말하는 이유이기도 해요.

여러분(↗) 안녕하세요(↗) 반갑습니다(↗)

하지만 이것을 자칫 잘못 사용하면 어린아이 같은 말투로 느껴질 수 있어요. 실제 아이들이 말하는 것을 잘 들어보면 띄어쓰기 단위로, 끝음을 올리는 것을 볼 수 있죠.

엄마(↗), 내가(↗) 오늘(↗) 학교에서(↗) 밥을 먹었는데(↗) 너무 맛있었어(↗).

어른스러운 말투를 만들고 싶다면 조사나 종결어의 음을 낮게 표현해 줘야 해요. 그동안 '솔'의 음역대에서 사용했다면 이제 '도'의 음역대까지 낮춰보는 거죠. 이처럼 끝음을 낮춰서 말을 하면 앵커나 아나운서처럼 한층 단호하고 확신에 찬 느낌을 전달할 수 있게 됩니다.

안녕하십니까(↘). 오늘의 뉴스를 전해 드리겠습니다(↘).
안녕하십니까(↘). 올해의 실적을 보고 드리겠습니다(↘).

하지만 말끝의 음을 낮추는 것에 대한 거부감이 있을 수 있어요. 자칫 너무 퉁명스럽고 차갑게 느껴질까 걱정하는 거죠. 여기서 우리는 친절과 예의를 구분할 필요가 있어요. 회사에서 말을 할 때 필요한 것은 '예의'이지 '친절'이 아니죠. '아이' 같이 보이고 싶지 않다면 끝음을 낮추며 '예의'를 다해 '단호'하게 표현해 보세요.

짧고 경쾌하게 마무리하기

아이 같은 말투의 또 다른 특징은 말꼬리를 힘 없이 위로 길게 끈다는 거예요. "내가 있잖아~"처럼 끝음의 모음을 길게 할 때 이런 현상이 나타나는데, 이런 말투는 나른하면서도 용기와 확신이 없는 듯한 인상을 줘요. 똑 부러지게 일을 잘하는 느낌을 주기 위해서는 말끝을 길게 늘이는 말투를 바꿔야 해요. 도마뱀 꼬리 자르듯 미련없이 말꼬리를 짧게 톡 끊어내는 거죠. 이때 끝음이 아래를 향해 주도록 끊어내면 망설이는 느낌도 함께 떨어져 나가기 때문에 말투가 한층 경쾌해지고 단단한 느낌이 생겨요.

확신 없는 말투	프로페셔널한 말투
안녕하십니까아~ 올해 경영실적을 보고 드리겠습니다아~	안녕하십니까.(↘) 올해 경영실적을 보고 드리겠습니다.(↘)
2030 고객들의 오프라인 매장 방문을 유도하기 위해서어~ 이벤트를 기획해 보았습니다아~	2030 고객들의 오프라인 매장 방문을 유도하기 위해서(↘) 이벤트를 기획해 보았습니다.(↘)
최근에느은~ 중간유통 없시이~ SNS 등 에서~ 직접 물건을 판매하느은~ D2C 형태가아~ 주목을 받고 있습니다아~	최근에는(↘) 중간유통 없이 SNS 등에 서 직접 물건을 판매하는(↘) D2C 형태 가 주목을 받고 있습니다.(↘)

회사에서 어린아이 같은 말투 때문에 실력을 제대로 인정받지 못한다고 느낀다면 오늘부터 습관을 바꿔 보세요. 얇고 높은 목소리 대신 복식호흡을 통해 목소리를 낮게 사용해 주세요. 말꼬리를 힘 없이 늘이며 올리지 말고, 말꼬리를 아래로 끌어내리면서 짧게 끊어내세요. 어느 순간 아이 같은 말투는 온데간데없이 사라지고 당당하면서도 힘 있는 말투, 일을 믿고 맡기고 싶은 확신 있는 인상이 만들어질 거예요.

프로페셔널한 목소리를 만드는 3가지 말습관

1. 중저음 목소리 만들기

중저음의 목소리는 우리를 더욱 유능하게 보일 수 있게 해줘요. 복식호흡을 꾸준히 훈련해 신뢰감을 주는 멋진 중저음을 만들어 보세요.

2. 말꼬리 끌어내리기

말끝을 위로 끌어올리면 아이 같고 의존적인 말투가 됩니다. 이럴 때는 끝음을 아래로 향하게 해보세요. 한층 단호하고 확신에 찬 느낌을 전달할 수 있어요.

3. 짧고 경쾌하게 마무리하기

모음을 길게 빼는 습관을 가지고 있다면 말끝의 길이를 짧게 줄여보세요. 끝음을 짧게 끊어내면 경쾌하고 단단한 이미지를 연출할 수 있어요.

제 말이 너무
지루하대요
경쾌하고 생동감 넘치는 말습관

"저는 직원들에게 회사의 정책을 설명해야 하는 일이 많은
데, 제가 말을 하면 너무 지루하고 졸린대요. 어떻게 하면 경
쾌하고 에너지 넘치게 말할 수 있을까요?"

사람들은 권태로운 목소리에 집중하지 않아요. 쉽게 흥미
를 잃고 지루해하죠. '아, 재미없어'라는 생각이 드는 순간 집
중력이 급격하게 떨어지면서 딴생각이 머릿속을 가득 채워요.
그때부터는 아무리 열심히 설명해도 그저 소음일 뿐이죠. 내용
이 알차다 한들 사람들이 듣지 않으면 무슨 의미가 있겠어요.

이때 필요한 것이 목소리 연출입니다. 많은 사람들이 내용

의 중요성을 강조하며 목소리의 음색이나 연출에 대해서는 부차적인 것으로 생각해요. 하지만 우리가 심혈을 기울여 준비한 내용에 상사가 귀 기울이고 공감하게 만들기 위해서는 말의 내용만큼이나 메시지를 호소력 있게 전달할 수 있는 목소리의 연출이 중요해요. 그래야만 듣는 사람의 마음을 사로잡고 강한 인상을 남기면서 우리의 생각을 전달할 수 있어요.

이때 호소력 있는 목소리 연출의 핵심은 '변화'에요. 말을 할 때 마치 노래를 하는 것처럼 말이 빨라졌다 느려지고, 높아졌다 낮아지고, 커졌다 작아지는 등 목소리에 다양한 변화를 주며 끊임없이 새로운 자극을 주는 거죠. 그러면 말이 지루할 틈이 없어요. 지루하지 않으니 더 오래 집중해서 듣게 되고, 집중해서 듣다 보니 내용이 이해가 잘되고, 이해가 잘되니 더 오래 몰입하게 되는 거죠.

그럼, 지루함은 날려버리고 호소력은 높여줄 목소리 연출법을 제대로 알아볼게요.

경쾌하고 생동감 넘치는 말습관 ❶
끊어서 말하기

말을 생동감 있게 표현하는 첫 번째 방법은 '끊어서 말하기'

입니다. 말을 할 때 문장 중간에서 잠시 호흡을 하면서 쉬어가는 거예요. 포인트를 잘 살려 끊어주면 말에 리듬감이 생겨서 말이 경쾌해지고, 말의 맥락과 의도도 정확하게 전달돼요. 그럼, 어디서 어떻게 끊으면 좋을까요?

우선 주어 뒤에서 끊어요. '은, 는, 이, 가, 에서, 께서'처럼 주어를 나타내는 조사 뒤에서 한 호흡 쉬어가는 거죠. 이렇게 하면 주어를 명확하게 전달할 수 있어서 듣는 사람이 쉽게 의도와 핵심을 파악할 수 있어요.

"올해의 대표적인 성과는 세탁기 시장에서 1위를 굳건히 한 것입니다."라는 문장을 쉼 없이 말하면 주어가 돋보이지 않아요. 반면 "올해의 대표적인 성과는 (/) 세탁기 시장에서 1위를 굳건히 한 것입니다."라고 주어 뒤에서 한 호흡 쉬면서 잠시 멈춰주면 듣는 사람은 주어를 확실하게 인지할 수 있게 되죠.

그다음은 부사 뒤에서 끊어요. 부사라고 하면 '이제' '바로' 같은 말들이죠. 부사 뒤에서 한 호흡을 쉬어주면 주의를 집중시키는 효과가 있어요. SBS 〈그것이 알고 싶다〉의 김상중 MC가 "그런데 말입니다"라고 말한 후 잠시 뜸을 들이는 것도 비슷한 맥락이에요.

예를 들어 "지금부터 상반기 실적을 보고하겠습니다"라는 문장을 말할 때는 "지금부터"까지 이야기하고 잠시 말을 멈춰 호기심을 유발한 후 메시지를 이어가는 거예요. 말의 긴장감을 높여 몰입을 이끌어 낼 수 있어요.

노래하듯 말하기

말에 멜로디를 더하면 말이 노래처럼 들려요. 멜로디는 높낮이, 속도, 세기의 변화에 따라 다양하게 만들어지는데, 말을 할 때 높고 낮음, 빠르고 느림, 크고 작음의 대비감을 강하게 줄수록 멜로디는 더욱 생생하게 살아나요.

그래서 멜로디를 잘 만들어 내면 말의 내용 중 어떤 부분이 중요한지도 효과적으로 전달할 수 있어요. 인지심리학자 대니얼 윌링햄은 그의 책 《리딩 마인드》에서 "멜로디는 중요한 것과 사소한 것, 잊어버려도 좋을 것과 기억해야 할 것을 구분하게 도와줄 뿐만 아니라 우리가 글을 읽으면서 꼭 이해해야 하지만 재미 없는 일, 곧 문법의 역할을 자연스럽게 대신한다."고 말해요. 즉, 말의 멜로디가 내용의 전달력을 높이고 이해를 돕는 거죠.

말에 멜로디를 만들어 내는 방법은 아주 간단해요. 꼭 전달하고 싶은 핵심적인 부분에서 좀 더 큰 목소리로 톤을 높여 천천히 말하는 거죠. 그러면 그 부분만 더욱 선명하게 귀에 들려요. 즉, 목소리를 통해 '중요한 것과 사소한 것'을 구분해 주기 때문에 듣는 사람이 훨씬 쉽게 핵심과 맥락을 파악할 수 있는 거죠.

멜로디 없이 읽어보기

올해의 대표적인 성과는 (/) 세탁기 시장에서 1위를 굳건히 한 것입니다.

멜로디 적용해 읽어보기 - 밑줄 부분을 천천히 톤을 높여 읽어 보세요

올해의 <u>대표적인</u> 성과는 (/) 세탁기 시장에서 <u>1위를 굳건히 한 것</u>입니다.

경쾌하고 생동감 넘치는 말습관 ❸
말끝에 변화주기

결국 말에서 권태로움을 날리기 위해서는 다양한 변화를 통해 '새로움'을 느끼게 해주는 것이 중요합니다. 말끝의 어조(높낮이)를 다양하게 표현하는 것도 좋은 방법이에요. 어조는 높은음(↗), 중간음(→), 낮은음(↘)으로 구분할 수 있는데, 같은 음이 3번 이상 반복되면 우리는 순식간에 싫증을 느껴요. 그래서 높은음, 중간음, 낮은음을 수시로 번갈아가며 사용하는 것이 좋아요.

안녕하세요(↘) 최미영입니다(↘) 상반기 실적을 보고드리겠습니다(↘)

안녕하세요(↗) 최미영입니다(↘) 상반기 실적을 보고드리겠습니다(→)

저는 가능하면 높은음보다는 중간음과 낮은음을 번갈아가며 사용해요. 차분하고 침착한 느낌을 연출할 수 있기 때문이에요. 그러다 너무 분위기가 가라앉는다는 느낌이 들 때 한 번씩 높은음을 사용해요. 이렇게 말끝의 높낮이를 3단으로 조절해 사용하면 말의 멜로디가 다양해져 지루함을 느낄 틈이 없답니다.

경쾌하고 생동감 넘치는 말습관

1. 끊어서 말하기

   주어와 부사 뒤에서 한 호흡 쉬고 말해 보세요. 박자감이 살아
   나는 것은 물론이고 말의 핵심도 더 선명하게 들려요.

2. 노래하듯 말하기

   말을 할 때 속도, 높낮이, 강약을 조절하면 멜로디가 만들어지
   면서 말의 의도와 맥락을 효과적으로 전달할 수 있도록 도와
   줘요.

3. 말끝에 변화주기

   같은 음이 3번 이상 반복되면 금세 지루함이 찾아옵니다. 말끝
   의 높낮이를 다양하게 조절해 권태로움을 날려 버리세요.

04

말만 했을 뿐인데
화났냐고 물어봐요
온화한 말투를 만드는 말습관

"말투가 왜 그래? 자네 불만 있나?"

"저는 상사에게 '네'라고 대답만 했는데, 왜 화를 내냐고 묻더라고요."

사람들은 왜 목소리만 듣고 화가 났냐고 오해를 하는 걸까요? 우리의 목소리, 더 구체적으로 '말투'에는 현재 우리가 느끼고 있는 감정이 고스란히 녹아 있기 때문에 그래요. 실제 우리는 전화 통화를 할 때 목소리만 듣고도 상대의 기분을 알 수 있잖아요. 상대가 밝은 목소리로 말하면 '좋은 일 있나?'라고 생각하지만, 반대로 축 처진 목소리로 말하면 '요즘 안 좋은 일이 있나 보네'라고 생각하잖아요. 그래서 화난 듯한 말투를 사용하면 듣는 사람은 우리가 불만이 있다고 오해할 수 있어요.

'말 한마디로 천 냥 빚을 갚는다'는 말이 있죠. 여기서의 '말'에는 내용뿐만 아니라 말투도 포함되는 거예요. 아무리 좋은 말도 말투가 날카로우면 왜곡된 해석을 낳게 되고, 어쩌면 날카로운 말투 때문에 누군가는 상처를 받을 수도 있죠. 특히 회사에서는 혼자 일하는 게 아니잖아요. 동료들의 마음을 얻어 협조를 끌어내야 하는데 화난 듯한 날카로운 말투를 사용한다면 누가 내 편을 들어줄까요?

허영만 작가의 《꼴》이라는 만화에 '말이 온화하면 복이 머문다'라는 말이 나와요. 마음이 평온하니 말이 온화하고, 말이 온화하니 주변에 사람들이 모여들고, 그러니 복이 저절로 찾아온다는 말이에요. 마찬가지로 우리도 회사에서 말을 온화하게 한다면 함께 일하고 싶은 동료들이 알아서 모여들 거예요. 회사에서 즐겁게 함께 일할 수 있는 동료가 있다는 건 진정한 '복'이지요. 그러니 회사에서 혼자 외롭게 일하고 싶지 않다면 우리의 '말투'를 잘 다스려야 합니다.

그럼, 어떻게 해야 화가 난 듯 격앙된 목소리를 온화하게 바꾸고, 우리의 마음까지 평온하게 만들 수 있을까요?

둥글게 말하기
....

화난 듯한 말투에는 어떤 특징이 있을까요? 화가 난 사람은 말을 할 때 끝음을 강하게 사용해요. 피치가 아주 높고 날카로우며 소리가 커요. "내가 그 일 하지 말라고 했잖아!"라고 말을 할 때, 목소리가 점점 커지다가 가장 마지막 음절인 '아' 소리를 낼 때 아주 큰 소리로 음의 높이를 높여 강하게 꽂는 거죠. 그럼, 완벽하게 쏘아붙이는 말투가 됩니다.

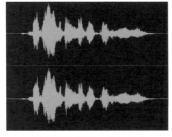

부드러운 말투의 오디오 파형   화난 말투의 오디오 파형

날카롭고 공격적인 말투를 온화하게 바꾸고 싶다면 '서술어' 부분에서 부드럽게 힘을 풀면서 목소리를 사뿐히 내려놓아 보세요. 같은 문장이지만 서술어 부분을 어떻게 표현하느냐에 따라 듣는 사람이 받아들이는 느낌은 완전히 달라집니다.

화난 말투	온화한 말투
"내가 하지 말라고 했잖아"(↗)	"내가 하지 말라고 했잖아"(↘)
"여기 단위가 잘못됐잖아"(↗)	"여기 단위가 잘못됐잖아"(↘)
"지금 바로 확인해"(↗)	"지금 바로 확인해"(↘)

　말끝에 힘이 들어가면 상대를 탓하는 말투가 되지만, 말끝이 부드럽게 떨어지면 상대를 걱정해 주는 말투가 돼요. 그러니 여러분이 상대를 아끼고 걱정하는 마음을 전달하고 싶다면 말끝을 살포시 내려 놓아보세요. 따뜻한 말투가 여러분의 귀에 들려지면 여러분의 마음도 포근해질 거예요.

온화한 말투를 만드는 말습관 ❷
천천히 조근조근 말하기

　화가 난 사람들은 말이 빨라져요. 흥분된 감정 탓에 마음이 급해져 머릿속에 빠르게 흘러가는 생각들을 한꺼번에 쏟아내기 때문이죠. 그럼, 말의 속도가 점점 빨라지면서 톤도 높아지게 되고, 상대방은 긴박한 느낌이 생겨서 사소한 일도 큰 문제처럼 생각할 수 있어요. 듣는 사람도 마음이 불안해지고 초조해지는 거죠. 그런가 하면 속도가 빨라지면서 호흡이 가빠지기 때문에 발음이 뭉개지거나 꼬여서 메시지가 제대로 전달되지 않죠. 흥분되고 격앙된 목소리가 설득력을 잃는 이유에요.

사람들이 침착하고 안정감 있게 우리의 이야기를 듣게 하려면 흥분을 가라앉히고 조근조근 차분한 목소리로 이야기하는 것이 중요해요. 그러려면 자신의 감정을 빠르게 알아차려야 해요. 만약 과도한 스트레스로 숨이 잘 안 쉬어지고 심장이 빠르게 뛴다면 말이 빨라질 가능성이 높아요. 이럴 때는 심호흡을 깊게 하며 최대한 호흡의 길이를 늘려 주면 천천히 여유 있게 이야기를 할 수 있어요. 목소리 톤이 높지 않은지도 살펴 주세요. 흥분이 됐을 때일수록 '솔'이 아닌 '도'의 음으로 낮춰 주면 감정에 휘둘리지 않고 침착하면서도 단호하게 메시지를 전달할 수 있어요.

온화한 말투를 만드는 말습관 ❸
미간 활짝 펴기

화난 말투를 다스리는 세 번째 방법은 '표정'입니다. 표정은 0.1초 만에 우리의 감정을 전달한다고 해요. 마음이 힘들 때는 표정이 저절로 찡그려지고 목소리에도 힘이 빠지죠. 반면 마음이 기쁘면 표정이 환해지면서 목소리도 경쾌해집니다. 우리의 마음과 표정, 목소리는 강력하게 연결되어 있기 때문이에요.

그럼, 우리의 표정을 어떻게 다스리면 좋을까요? 저는 미간을 컨트롤하는 것을 제안드려요. 표정을 만드는 데는 많은 근육 중에서 '미간'의 영향력이 꽤 커요. 예를 들어 우리가 고민이 많을 때 표정을 보면 미간을 찌푸리는 경향이 있는데, 미간을 찌푸리면 눈매가 무섭게 변하고 입꼬리도 아래로 축 처지죠(회사에서 이런 표정을 가진 분들을 많이 볼 수 있죠). 그 상태로는 긍정적인 목소리를 만들어 내기가 어려워요. 반대로 미간을 활짝 펴면 자연스럽게 눈이 초롱초롱해지고, 광대가 승천하며 입꼬리도 위를 향하게 됩니다. 이런 표정이 만들어지면 목소리에는 당연히 따뜻하고 즐거운 감정이 스며들게 됩니다. 온화한 말투가 온화한 마음을 만들고, 격앙된 말투가 마음을 더 격앙되게 만드는 것처럼 표정에도 같은 원리가 적용되는 거지요.

평소 말투가 퉁명스럽고 공격적이라는 이야기를 듣는 분이라면 책상에 거울을 올려두고, 수시로 거울을 보면서 미간을 활짝 열어 눈매를 반달 모양으로 만들고 입꼬리를 위로 향하도록 해주세요. 이렇게 일상 속에서 꾸준히 표정을 관리하며 마음을 살펴준다면 복이 깃드는 온화한 목소리를 만들 수 있을 거예요.

온화한 말투를 만드는 말습관

1. 둥글게 말하기

   상대를 아끼고 걱정하는 마음을 전달하고 싶다면 '서술어' 부분의 목소리를 동그랗게 말아서 사뿐히 내려놓아 보세요.

2. 천천히 조근조근 말하기

   마음이 초조하거나 스트레스가 심하다고 판단되면 잠시 심호흡을 하면서 말의 속도, 톤, 크기를 적절하게 세팅해 주세요.

3. 미간 활짝 펴기

   수시로 거울을 보면서 미간을 활짝 펴주세요. 저절로 미소가 지어지면서 목소리에 즐거운 감정이 스며들 거예요.

05

보고 읽는 데도
자꾸 더듬어요
말하듯이 보고하는 말습관

"저도 회사 오래 다녀야 하잖아요. 보고를 못하면 결국은 도태될 수밖에 없다는 걸 잘 아는데 답답해요. 사실 거창한 보고도 아니에요. 그냥 읽는 것만 잘해도 돼요. 그런데 그게 잘 안 되더라고요. 보고서를 잘 읽기만 해도 소원이 없겠어요."

대부분의 직장인들은 '보고서' 작성에 많은 노력을 기울이죠. 보고서를 잘 쓰기 위해 관련된 책을 읽거나 강의를 듣기도 하고, 논리적이고 설득력 높은 보고서를 작성하기 위해 밤 늦도록 자료를 찾고, 상사의 빨간펜을 기준 삼아 썼다 지웠다를 반복하기도 해요. 그런데 막상 열심히 쓴 보고서를 가지고 '보고'를 하려 하면 생각처럼 '말'이 잘되지 않아요. 보고서를 보면서 읽는 것조차 힘든 경우가 많아요. 보고서는 참 잘 썼는데, 왜 이런 문제가 생기는 걸까요?

'보고서'가 일반 글이 아니기 때문이에요. 보고서는 핵심을 짧고 간결하게 표현하는 것이 중요한 문서이다 보니 조사, 서술어, 접속사 등이 생략된 경우가 많아요. 말의 연결성을 살릴 수 있는 요소들이 생략된 탓에 소리 내어 읽었을 때 메시지의 전달력이 현격하게 떨어지게 되죠.

보고서에 담긴 메시지를 말로 잘 전달하기 위해서는 보고서의 문장들을 최대한 많이 소리 내어 읽어봐야 해요. 그런데 이때 보고서에 쓰여진 문구를 그대로 보고 읽어서는 안 돼요. 그건 보고의 본질을 놓치는 거예요. 보고서가 있음에도 우리가 구태여 '보고'라는 형식을 별도로 사용하는 이유는 '보고서'의 내용을 최대한 이해하기 쉽게 말로 풀어서 설명하는 과정이 필요하기 때문이죠.

그러면 어떻게 해야 우리가 심혈을 기울여 작성한 '보고서'를 '말'로 잘 풀어서 상사가 이해하기 쉽게 전달할 수 있는지 그 방법을 알아볼게요.

말하듯이 보고하는 말습관 ❶
말을 위한 시나리오 작성하기

보고서를 '말'로 잘 전달하기 위해서는 말을 위한 시나리오가 필요해요. 보고서의 내용을 실제 말하듯이 풀어서 써보는 거죠. 이때 효과적인 방법이 바로 명사 뒤에 조사를 더해 주는 거예요.

명사 뒤에 조사를 더해 주세요

보고서 위기극복 프로그램 발굴 및 신속 지원

시나리오 위기극복을 위한 프로그램을 발굴해 신속히 지원하겠습니다.

보고서 거래비용 절감방안을 위한 통합발주시스템 마련

시나리오 거래비용을 절감하기 위한 방안으로 통합발주시스템을 마련하고자 합니다.

보고서에서는 일반적으로 핵심명사를 제외한 조사와 서술어는 과감히 삭제해요. 최대한 간결하게 명사형으로 표현하기 때문이죠. 그렇다 보니 명사와 명사가 연달아 나오는 복합명사의 형태를 많이 볼 수 있는데, 복합명사는 발음이 어렵기 때문에 말이 꼬이기 십상이에요. 이럴 때는 생략되어 있는 말의 구성요소(조사, 관계사 서술어 등)들을 적용해 주세요. 그럼, 발

음도 편해지고, 더 나아가 단어들의 관계와 연결성이 더 잘 드러나면서 말의 호소력도 높아져요.

자세히 풀어서 설명해 주세요

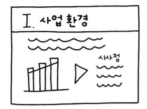

보고서   다음은 사업환경입니다.

시나리오   올해 우리 회사가 직면하고 있는 사업환경을 다각도로 분석해 보겠습니다.

대부분의 보고서는 사업환경, 경영현황 등으로 시작을 합니다. 대내외 시장환경을 분석해 시장을 예측하고, 예측을 기반으로 사업방향을 잡기 위한 것이죠. 그래서 외부, 내부, 글로벌, 국내 등 다양한 각도에서 시장을 분석해요. 그러니 단순히 '사업환경'이라고 말하는 것보다 '다각도로 분석'이라고 말을 붙이면 '다양한 측면'에서 상황을 파악했다는 것을 어필할 수 있어요.

문어체를 구어체로 바꿔 주세요

보고서 다음은 중장기 경영목표 및 전략방향입니다.

시나리오 다음은 저희 사업부의 중장기 경영목표입니다. 목표와 함께 이를 달성하기 위한 전략방향까지 말씀드리겠습니다.

보고서에 자주 등장하는 '및'이라는 표현은 대표적인 문어체에요. '및'은 두 개의 팩트를 이어주는 역할을 하기 때문에 여러 내용을 함축적으로 전달하는 보고서에는 어울리지만 여러 의미가 나열되어 있어 말로 들었을 때는 빠르게 내용을 파악하기 어려워요. 거기에 문장 중간에 '및'이 있으면 발음도 어려워요.

그래서 '및'이라는 말을 '와' '과' 같은 조사로 바꿔줘야 해요. '경영목표와 전략방향' 이렇게요. 또 말하기에 더 적합하게 바꿔 주려면 '및'을 기준으로 문장을 두 개로 나눠주는 것이 좋아요. '및'을 기준으로 문장을 나눠서 각각의 의미가 별개의

문장으로 구성될 수 있도록 해주면 듣는 사람이 쉽게 이해할
수 있어요.

말하듯이 보고하는 말습관 ❷

입으로 소리 내어 읽어보기

시나리오를 작성할 때는 그 문장을 본인이 '말'로 소화할 수
있는지 체크해 봐야 해요. 시나리오를 쓸 때 직접 소리를 내어
문장을 읽어보는 거죠. 그러면 자신이 발음할 수 있는 단어인
지 혹은 자신의 호흡 안에서 소화할 수 있는 문장인지 파악할
수 있어 자신에게 최적화된 시나리오를 만들 수 있어요.

보고서 시장환경은 미국 우선주의 및 자국 산업 지원 차원의 수입규제

조치 강화 기조가 지속되고 있습니다.

시나리오

다음은 미국의 시장환경입니다. (//)

미국은 현재 (/) 미국 우선주의를 내세우며 (/)

자국 산업을 지원하기 위한 (/)

수입규제 조치를 지속적으로 강화하고 있습니다.

　　문장을 소리 내어 읽으면서 어떤 발음이 어려운지를 살펴 보세요. 읽으면서 '아! 내가 이 부분에서 발음이 안 되는구나!' 라는 것을 파악했다면 쉽게 발음할 수 있는 단어나 표현으로 바꿔 주세요. 호흡도 반드시 체크해 봐야 해요. 보고할 때는 큰 목소리를 내야 하기 때문에 평소보다 공기가 더 많이 필요 해요. 그런데 문장이 너무 길면 숨이 차서 제대로 말하기가 어려워요. 보고할 때 숨이 가빠지지 않으려면 문장을 최대한 짧게 또는 끊어 읽기가 원활하도록 문장 구성을 바꿔주는 게 좋아요.

말하듯이 보고하는 말습관 ❸
다른 사람에게 말로 설명하기

　　가수이자 작곡가인 박진영 씨는 작곡을 하고 나서 그 음악 에 맞춰 춤을 춰본다고 해요. 춤이 자연스럽게 연결되지 않거 나 흥이 나지 않는 부분이 있으면 멜로디를 수정하는 거죠. 우리의 말도 그래요. 말을 하는데 자꾸만 막히는 부분이 있다면 그 부분의 흐름을 체크해 볼 필요가 있어요.

저 또한 중요한 스피치나 강의가 있을 때 가족을 앞에 두고 제가 준비한 메시지를 전달해 봐요. 상대의 반응을 보면서 말을 하다 보면 논리가 빈약하거나 인과관계가 틀어진 부분을 명확하게 파악할 수 있어요.

들어줄 사람이 없다면 직접 녹화를 해보세요. 그리고 녹화된 영상을 보며 막힘없이 말이 이어지는지 체크해 봐야 해요. 이 방법은 실제 제가 유튜브 영상을 찍을 때 많이 쓰는 방법이기도 합니다. 사전에 아무리 시나리오를 꼼꼼하게 준비해도 막상 영상을 찍다 보면 말이 막히거나 메시지의 흐름이 어색하게 느껴지는 경우가 있어요. 그러면 버릴 부분은 과감하게 버리고, 빈약한 논리를 보강하고, 메시지의 흐름을 재배치하기도 합니다. 그렇게 몇 번을 실전처럼 말하다 보면 메시지의 흐름이 촘촘해지면서 말이 막힘 없이 흘러나오는 순간이 오게 되죠. 그때 저는 최종녹화를 한답니다. 그렇게 해야만 제 영상을 보는 사람들도 자연스럽게 이야기의 흐름을 따라올 수 있어요.

이렇게 가족들 앞에서 말을 하거나 동영상으로 촬영해 보면서 메시지를 다듬는 과정을 거치게 되면, 그 메시지가 머릿속에도 오랫동안 남아 있게 돼요. 특히 논리가 자연스럽게 연결되기 때문에 다음 메시지가 자동적으로 연상되기도 하죠. 당연히 말을 하다 머리가 하얘질 일도 없죠. 이 단계가 되면 시나리오를 보고 읽을 필요도, 시나리오를 달달 외울 필요도 없어요. 메시지의 흐름만 숙지하면 언제 어디서든 자유롭게 메시지를 전달할 수 있게 될 거예요.

말하듯이 보고하는 말습관

1. '말'을 위한 시나리오 작성하기

명사 뒤에 조사를 더하고 문어체를 구어체로 바꿔서 진짜 말하듯이 시나리오를 써보세요. 읽기가 한결 수월해질 거예요.

2. 입으로 소리 내어 읽어보기

시나리오를 소리 내어 읽다 보면 발음하기 어려운 단어를 파악할 수 있고, 호흡이 부족한 부분도 파악할 수 있어요.

3. 다른 사람에게 말로 설명하기

누군가에게 말을 하며 메시지를 다듬게 되면 그 메시지가 우리의 머릿속에 오랫동안 남아 있고, 논리가 자연스럽게 연결되기 때문에 다음 메시지가 자동적으로 연상돼요.

TIP

이런 땐 이런 목소리!

SPEECH HABIT

목소리는 이렇게 연출해요

우리는 목소리의 높낮이, 속도, 크기를 조절해 분위기에 맞는 목소리를 연출할 수 있어요.

(1) 높낮이

먼저 높낮이, 즉 목소리 톤이 주는 이미지를 알아볼게요. 톤이 높으면 발랄하고 경쾌한 느낌이 들고, 톤이 낮으면 차분하고 안정적인 느낌을 줘요. 그래서 가벼운 이슈에 대해 이야기할 때는 경쾌하게 높은 톤을 사용하면 좋고, 회사의 중요한 이슈를 논의할 때는 톤을 낮춰 진중한 모습을 보여주는 것이 효과적이에요.

(2) 속도

속도도 말의 내용에 따라 다르게 사용해야 해요. 말이 빠르면 역동적인 느낌이 나고, 말이 느리면 여유가 느껴져요. 하이라이트

뉴스를 할 때는 속도가 빠르지만, 인간극장과 같은 내레이션은 말이 느리죠. 그래서 강력한 추진력과 확신을 보여줘야 할 때는 빠른 속도로 이야기하는 것이 좋아요. 대신 팀장님과 티타임을 할 때는 여유 있는 속도로 이야기하는 것이 안정감을 줄 수 있어요.

(3) 크기

목소리의 크기도 참 중요해요. 사람이 많은 곳에서 프레젠테이션을 하는 상황이라면 크고 또렷한 목소리로 말해야겠지요. 하지만 유관부서와 회의를 하거나 사무실에서 전화 통화를 하거나 팀장님을 1:1로 설득해야 하는 상황이라면 큰 목소리보다는 적당한 크기로 조근조근 이야기하는 것을 추천드려요.

이렇게 높낮이, 속도, 크기는 각각의 요소를 어떻게 조합하느냐에 따라 다양한 분위기를 만들어 낼 수 있으니 보고를 하는 상황과 내용에 따라 적절하게 사용해 보세요.

- 목소리가 우렁차고 속도가 빠르면 역동적인 느낌을 준다.
  - → 뛰어난 경영실적을 보고할 때
- 속도가 여유로우면서 톤이 높으면 명랑하고 경쾌한 느낌을 준다.
  - → 친근한 느낌으로 업무 협조를 구할 때
- 낮은 톤으로 느리게 말하면 침울하고 우울한 느낌을 준다.
  - → 목표 대비 실적을 달성하지 못했을 때
- 낮은 톤으로 빠르게 말하면 긴박하고 초조한 느낌을 준다.
  - → 급히 해결해야 할 문제가 생겼을 때

말투는 이렇게 연출해요

말투를 결정하는 가장 핵심적인 요소는 바로 끝음처리예요. 끝음의 높이와 길이에 따라 다양한 말투를 연출할 수 있어요. 어떤 말투가 어떤 분위기를 만들어 내는지 이해해 보고, 상황에 맞게 연출해 보세요.

긍정적 이미지를 만드는 말투

- 경쾌한 말투 : 말끝을 짧게 높인다. (네 ↗)
- 단호한 말투 : 끝음을 아래로 짧게 꽂는다. (네 ↘)
- 우아한 말투 : 끝음을 동그랗게 말아서 낮춘다. (네 ↘)
- 친절한 말투 : 끝음을 부드럽게 위로 올린다.(네 ↗)

부정적 이미지를 만드는 말투

- 자신감 없는 말투 : 끝음을 흐린다.
- 아이 같은 말투 : 끝음을 길게 끌며 높인다.
- 퉁명스러운 말투 : 끝음을 무성의하게 던진다.
- 화난 말투 : 끝음을 강하고 날카롭게 위로 꽂는다.

| 참고문헌 |

- 《뇌, 욕망의 비밀을 풀다》 한스-게오르크 호이젤 저, 강영옥, 김신종, 한윤진 역, 비즈니스북스, 2019
- 《당신은 어떤 말을 하고 있나요》 김종영, 진성북스, 2015
- 《리딩 마인드》 대니얼 윌링햄 저, 정옥년, 이지혜 역, 학이시습, 2019
- 《발성과 공명》 문영일, 청우, 2018
- 《보고서의 신》 박경수, 더난출판사, 2015
- 《불안》 알랭 드 보통 저, 정영목 역, 은행나무, 2011
- 《생각에 관한 생각》 대니얼 카너먼 저, 이창신 역, 김영사, 2018
- 《수사학(말하기의 규칙과 체계)》 키케로, 도서출판 길, 2006
- 《아웃퍼포머》 모튼 한센 저, 이지연 역, 김영사, 2019
- 《어려운 질문 애매한 질문 중요한 질문 어떻게 대답해야 좋을까》 윌리엄 A. 반스, 간다 후사에 저, 백운숙 역, 빈티지하우스, 2018
- 《열두 발자국》 정재승, 어크로스, 2018
- 《이야기의 탄생》 윌 스토 저, 문희경 역, 흐름출판, 2020
- 《인간 본성의 법칙》 로버트 그린 저, 이지연 역, 위즈덤하우스, 2019
- 《프레즌스》 에이미 커디 저, 이경식 역, 알에이치코리아, 2016
- 《호흡과 발성》 문영일, 청우, 2007
- 《60분 읽었지만 평생 당신 곁을 떠나지 않을 아이디어 생산법》 제임스 웹 영 저, 이지연 역, 윌북, 2018
- <분야별 화법 분석 및 향상 방안 연구 - 직장 내 대화법> 전은주, 국립국어원, 2015
- <인간의 기본 감정에 따른 어조 탐색과 스펙트럼 분석> 최지원, 김지아, 정영주, 허경호, 학국소통학보, 2019

회사에서 인정받는 일잘러들의 말하기 기술

말습관을 바꾸니 인정받기 시작했다

초판 1쇄 발행 2020년 10월 30일
초판 5쇄 발행 2023년 9월 10일

지은이 최미영
펴낸이 백광옥
펴낸곳 ㈜천그루숲
등 록 2016년 8월 24일 제2016-000049호

주소 (06990) 서울시 동작구 동작대로29길 119
전화 0507-0177-7438 **팩스** 050-4022-0784 **카카오톡** 천그루숲
이메일 ilove784@gmail.com

기획 / 마케팅 백지수
인쇄 예림인쇄 **제책** 예림바인딩

ISBN 979-11-88348-77-0 (13320) 종이책
ISBN 979-11-88348-78-7 (15320) 전자책